Heinrich Preschers

Anthologie der Deutschen

Zweiter Teil

Heinrich Preschers

Anthologie der Deutschen
Zweiter Teil

ISBN/EAN: 9783744703512

Hergestellt in Europa, USA, Kanada, Australien, Japan

Cover: Foto ©ninafisch / pixelio.de

Weitere Bücher finden Sie auf **www.hansebooks.com**

Anthologie der Deutschen.

Zweeter Theil.

herausgegeben
von
Heinrich Christian Schmid,
Doctor der Rechte und Professor zu Erfurt.

Frankfurt und Leipzig, 1771.

An
Herrn
J. C. Lavater,
Diaconus zu Zürich.

Begierig ergreiffe ich die erste beste Gelegenheit, die Hochachtung die ich Ihren Verdiensten, und die Dankbarkeit, die ich Ihrer Gütigkeit schuldig bin, öffentlich an den Tag zu legen. Eine Sammlung, die Sie selbst mit so ansehnlichen Geschenken geziert haben, muß Ihnen besonders eigen, eine Sammlung von Werken so verschiedner Genies kann Ihnen angenehmer seyn, als eine Arbeit von mir selbst.

Kaum hätte ich es selbst geglaubt, so geschwind wieder einen Theil dieser Anthologie liefern zu können; allein mein Muth, den keine Art von Verläumbungen schwächen kann, ward durch unerwartete Beytrage gestärkt. Die Gütigkeit derer Herren von Thümmel, Jacobi, Denis, Mastalier, Sonnenfels, Nüscheler, Michaelis, Engel, von Blankenburg und Ihre Freigebigkeit unterstützten mich, diesen Theil mannigfaltiger und reichhaltiger zu machen, als den ersten.

Von denen Seltenheiten, nach denen ich in der Vorrede des ersten Theiles seufzete habe ich die Tänzerin und die Gedichte eines Ungenannten erobert, welche der Uebersetzung des Anakreon angehängt waren.

Herr Ebert hält dafür, daß von seinen Liedern nur diejenigen die Unsterblichkeit verdienen, welche Herr Ramler unter die Lieder der Deutschen aufgenommen hat.

Von Herrn Lenz würde ich wenigstens einige Freimäuerlieder mittheilen können, wenn er sich nicht über seine Gedichte selbst folgendermaßen erklärt hätte: „Obwohl Ew. „und andrer Männer Beifall mir allenfalls „zur Entschuldigung dienen könnte, wenn „ich mich bewegen liesse, zu glauben, meas „esse aliquid nugas, so kömmt es mir doch

„zn, bescheiden zu seyn, solche Namen zu
„respectiren, und sie nicht der Verantwor=
„tung auszusetzen, daß sie mittelmäßig gera=
„thene Versuche in einer berühmten Gallerie
„aufgestellt hätten, wo nur lauter Meister=
„stücke Platz finden sollten. Ich will nicht
„sagen, daß nicht hin und wieder in meinen
„kleinen Gesängen Spuren des Genies her=
„fürstechen möchten. Ich würde mich, wenn
„ich sie ganz niederschlagen wollte, an allen
„denen versündigen, die jemals solche mit ei=
„nigem Beifalle beehrt haben. Allein ich
„bin doch auch überzeugt, daß ich einen gros=
„sen Theil dieses Beifalls denen Gelegenhei=
„ten, der Zeit, und andern zufälligen Um=
„ständen zu danken gehabt; und mein Ge=
„wissen sagt mir, daß die meisten meiner Ge=

„dichte, welche ich gemeiniglich stans pede
„in uno und in der Hitze der Begeisterung
„verfertigt, nie aber behörig retouchirt und
„ausgebessert habe, incorrect und voller un=
„verzeihlicher Nachläßigkeiten, folglich zum
„höchsten mittelmäßig sind. At mediocri-
„bus etc. Ich bitte also, und diese Bitte
„ist aufrichtig und gehet von Herzen, ich bitte,
„lassen Sie mich in meiner verdienten Ver=
„gessenheit, lassen Sie die Gebeine meiner
„Muse in Ruhe; lassen Sie mich in der
„Stille zusehen, wie sich Witz und Geschmack
„in meinem Vaterlande bessern und erhöhen;
„ohne daß ich auftrete und durch mein Bey=
„spiel erweise, daß wir es noch nicht zu der
„Vollkommenheit gebracht haben, wohin zu
„gelangen wir uns bis anhero bestrebet."

Einer Schönen verzeiht man gern ein wenig Eigensinn, und ich hoffe, meine Leser werden es selbst billigen, daß ich mehr die Achtung, die ich diesem Manne schuldig bin, als ihre Neugierde in Erwägung gezogen habe.

Ich würde die Ehrfurcht gegen Sie und meine Leser aus den Augen setzen, wenn ich mich hier mit jedem Zeitungsschreiber duelliren wollte. Und wer kann sich wohl mit dem Gewäsche jeder dieser Herren abgeben? Sie mögen lästern! Nur alle Beschuldigungen böser Absichten verbitte ich in Zukunft. Ich, der ich einen Leßing nie beleidigen kann, sollte ihn haben beleidigen wollen? Einiger Vorwürfe hätten sie sich schon um deswillen schämen sollen, weil sie bis zum Ekel abgenutzt sind.

Hätte ich es gewust, daß Herr Zachariä wirklich gesonnen sey, seine Chrestomathie fortzusetzen, so würde ich ihm nie einen Eingriff gethan haben.

Daß Herr Dusch eine Ausgabe des Zerniß besorgen wollte, war mir nicht unbekannt, allein ich zweifelte, ob sich zu den sämmtlichen Werken dieses Dichters viele Käufer finden möchten. Herr Schlegel, der in der neuen Edition seines Batteur Zerniß's Genie zu sehr erniedrigt, hat mich sehr misverstanden, wenn er glaubt, daß ich Zernitzen für Gottschebs Schüler ausgebe.

Gottschedische Schule heisset hier nur Gottschedischer Geschmack.

Der poetische Brief des Herrn von Thümmel in dem ersten Theile ist in dem Jahre 1764 geschrieben, und an einen Herrn von Bose gerichtet.

Herrn Kretsch's Uebersetzung des Pope ist nicht so selten, als ich bey der Herausgabe des ersten Theils meinte, und auch mit solcher Pracht gedruckt, daß ich, die Größe des Gedichtes ungerechnet, dem Verleger desselben zu viel Schaden thun würde, wenn ich es dieser Sammlung einverleiben wollte. Ich habe es daher nur bey einer kleinen Probe davon bewenden lassen.

Herrn Kästners Elegie ist nicht am Tage seiner Abreise aus Leipzig, auch nicht 1756, sondern 1755 zu Göttingen geschrieben.

Das Sinngedicht im ersten Theil an Naso S. 386. rührt von dem seeligen Gellert her, von dem ich auch das auf Richardson und noch ein andres würde mitgetheilt haben, wenn jetzt nicht zu seiner Nachlassenschaft ohnedies so viel begierige Hände da wären.

Es haben mich einige erinnert, und ich muß ihnen in der That Recht geben, daß es eine etwas zu harte Forderung ist, wenn ich von noch lebenden Dichtern nur solche Gedichte erbeten habe, die sie nie unter ihre Werke aufnehmen wollen. Es befürchteten einige, ich würde dadurch entweder wenig oder sehr viel schlechtes bekommen. Allein zur Zeit kann ich darüber nicht klagen, und ich wollte doch nicht gern diese Sammlung zu einer periodischen Schrift machen.

Die Herren Orell, Geßner und Compagnie haben der neuen Ausgabe von Herrn Wielands poetischen Schriften, an einem vielleicht sehr unschicklichen Orte, die beiden vortrefflichen Gedichte Nadine und Chloe andrucken lassen, welches mir desto empfindlicher ist, da dieses Beispiel vielleicht für andre Verfasser und Verleger verführerisch seyn könnte.

Dringend wiederhohle ich hier meine Bitte an alle Freunde des Geschmacks, mir besonders von verstorbnen Dichtern unbekannte kleine Stücke, fliegende Gedichte, die in Wochenschriften vergraben geblieben, und Versuche solcher Männer, die der Dichtkunst untreu geworden sind, mitzutheilen, und mich in den Stand zu setzen, einen dritten Band zu liefern. Wie manches gute Gedicht mag von 1740 bis 1770 gemacht worden seyn, das unverdienter Weise ein Raub der Zeit geworden!

Insonderheit fodre ich die Herren Hermes, von Blankenburg, von Ewald, Dusch, Beyer, Löwen, Waser, Aldorfer, Eschenburg, und den ältern Herrn Fischer aus Koburg auf, mich theils mit ihren eignen, theils mit fremden Seltenheiten zu beschenken.

Unter dem Abdrucke dieses Theils hat mir Herr Löwen, auf dessen Freundschaft ich stolz bin, ein vortreffliches Geschenk mit einer Romanze gemacht, die unstreitig zu seinen Meisterstücken in dieser Dichtungsart gehöret. Mit welcher Freude sage ich ihm hier Dank!

Innhalt.

Innhalt.

Die Tänzerinn, von Rost oder Lamprecht

S. 1

Hering, zwey Klagoden

    Ueber den Tod einer Mutter   35
    Ueber den Tod eines Bruders   41

Lavater, Poesieen von ihm

    Der Gott der Natur, Choral   49
    Pastoral   59
    An Herrn Schintz   65
    Die Freundschaft   75
    An den seeligen Gellert   81

Müscheler, Poesieen von ihm

    Die Belagerung von Solothurn   89
    Trinklied für Schweitzer   92
    Ueber die politische Genügsamkeit der Schweitzer.   94
    Der Kummer   96

Innhalt.

Die Standhaftigkeit	99
Hymne an Gott	101
Schmidt, zwey Gedichte	
Apotheose des Anakreon	106
Die Ueberzeugung	110
Engel, Ode an die menschliche Seele	112
Mastalier, An Melpomenen auf die falsche Nachricht, daß Herr Weiße von ihr Abschied genommen	114
Ode auf Dauns Tod	117
Denis, Schreiben an einen Freund	122
Löwen, Anrede an das Hannöverische Publikum; im Namen der Seilerischen Gesellschaft	128
Romanze, unter Chloens Fenster gesungen	131
Ungenannter, Friedensgedicht	134
Schmidt, C. A. zwo Idyllen	
Silen, nach dem Virgil	141
Die Nymphe Panope	150

Innhalt.

Schmidt, J. F. Auf die Zurückkunft des
    Erbprinzen zu Sachsengotha von
    seinen Reisen   164
Seidel, Lied der Schnitter   167
    Lied der Erndter nach der Erndte   170
    Der junge Schnitter   173
Krauseneck, Lied eines Pilgrims   175
    Lied eines Weidemanns   178
Ungenanuter, Theorie der Liebe   181
Bernhardi, die kleine Jungfer   182
Ungenannter, Charin, ein Sinngedicht   183
Jacobi, fünf Gedichte
    Die Cyklopen   184
    An Chloen   100
    An Herrn Gleim   189
    An die Liebesgötter   193
    An Aelinden   196
Ungenannter, Poesien von ihm
    Anakreons Vermählung   198
    Alcimadure, nach dem Theokrit   200

Innhalt.

Ungenannter, An die Vögel	206
Daß Laura dankbar seyn soll	ebend.
Das zu große und zu kurze Glück	ebend.
An Henriettens Bette	207
Die schriftliche Liebesversicherung	208
Nach der Tragödie des Seneka Thyest	ebend.
An einen Maler, Spitzler	211
Dhirsis im Handel mit Doris	211
Alexis und Onrinde	212
Fragment eines Gedichts von der Abgötterey	213
An Amarillis	214
An dieselbe	216
An Doris	228
Die deutschen Liederdichter	221
Auf den Burgunder	222
Laura, oder: die Liebe	224
An die Veilchen	226
An Philinden	229

Innhalt.

v. Thümmel, Sinngedichte

Der Zweifler   235
Die Reise   ebend.
Auf eine deutsche Dichterinn   ebend.
Bitte eines Liebhabers an seine junge
    Geliebte   236
Das richtige Sinnbild   237
Der Heldentod   ebend.
An ein Fräulein, bey Ueberschickung der Wil-
    helmine   238

Leyding, einige Gedichte von ihm

Bittre Klage   240
Der Wunsch   241
Die Jungferschaft der Musen   242
Der Affe und Matz der Reimer   243
Die Schöne   244
Eines erlösten Ehemanns Glaube und
    Trost   245
Mirtilis   ebend.
Thraxens Gelübde   246

Innhalt.

Leyding, Fragment eines Gesprächs 246

Dreyer, Ein Leichenkarmen auf einen tobtgebissenen Hund 247

Zachariä, Innschrift in seine episch-lyrischen Werke an Meinhardt 251

Schrader, eine dithyrambische Kantate 252

Fabrizius, Damon, oder: von der Größe des Geistes 254

Klagen an den Frühling 287

Klopstock, ein Gesang von ihm 293

v. Sonnenfels, Poesicen von ihm

Klage des Hirten von Ida, eine Idylle 298

Das Gesicht des Sohns Sela Haschemeh 301

Ode auf Daun 309

Meinhardt, an Kallisten 311

Ungenannter, die Sinngedichte 313

Innhalt.

Schlegel, Poesie und Musik, ein Sinngebicht 313

Weiße, Ueberſetzung einer Kantate von Metaſtaſio 314

Michaelis, zehnte Elegie im erſten Buche des Tibull 332

nach d'Arnaud, der Adler Jupiters und die Taube der Venus 338

Meinhardt, Heliodors Hymne auf die Thetis und den Peleus 339

Weiße, Fragment einer Ode der Sappho 341

Mendelsſohn, Monologe aus dem Hamlet 342

Pope's Gedicht, der ſterbende Chriſt an ſeine Seele 344

Kretſch, daſſelbe 345

Raſpe, die ſchöne Roſemunde, eine Romanze aus dem Engliſchen 346

Der entſchloßne Schäfer, eben daher 354

Weiße, König Lobbrogs Leichengeſang 355

Innhalt.

Gerstenberg, Maskerade aus der Braut 359
   Grabschriften
   Aspasia   368
   Dula   ebend.
Ungenannter, Die keusche Dorinde, ein
   Sinngedicht   369
Kleine Gedichte aus dem Französischen
Nach dem **Moncrif**, Dorinde   371
   Der Unentschlüßige   372
Nach dem **Panard**, der gute Rath   ebend.
Nach demselben, Die Zeiten ändern sich 273
   Die Geschenke   374
Nach dem **Bernard**, Liforis Zorn   375

Die

Die Tänzerinn.

1 7 4 1.

A

Vorerinnerung.

Der Verfasser dieses kleinen komischen Gedichts ist ungewiß. Einige machen Lamprechten andre Kosten dazu. Ich wünschte, diese Ungewißheit nur deswegen heben zu können, weil es in der Geschichte der komischen Epopee unter den Deutschen von großer Wichtigkeit ist. Zwar ist der Plan in diesem ersten Versuche noch ziemlich unerheblich, und die Sprache, ein paar Gleichnisse ausgenommen, gar nicht so zierlich als in der Wilhelmine: hingegen findet man viel glückliche komische Wendungen, und in Ansehung der Sprache, muß man bedenken, daß vieles dazumal noch stark war, was uns heutzutage matt scheint.

Ich will eine Begebenheit erzählen, für welche mir Homer seinen Achilles, und Virgil seinen Aeneas willig abtreten würden, wofern sie noch diese Geschichte verewigen könnten, die bey den Nachkommen eben so groß bleiben wird, als sie bey ihren Vorfahren gewesen ist. Ich will den Sieg der geschicktesten Tänzerinn, der tapfern Philinde, über die verwegene Selinette in seiner Größe darstellen, welcher allen Schönen zur Aufmunterung dienen wird, der unsterblichen Philinde nachzuahmen, und an demjenigen Lorber, den diese Heldinn so standhaft erstritten und so rühmlich behauptet hat, wenigstens durch ähnliche Thaten Theil zu nehmen.

Ihr aber, ihr dreymal drey großen Göttinnen! Gewähret mir jetzo einen Trunk aus eurer geheiligten Quelle! Stärket meine Ausdrücke! Begeistert eine Erzählung, welche den Ruhm der mächtigen Erato ausbreiten soll! Dir, große Polymnia, übergebe ich mein Gedächtniß, damit mir nichts von den Thaten der edelmüthigen Philinde entfallen möge. Du aber reizende Göttinn Melpomene, nimm dich meines Vortrags also an, damit mein Brustbild noch dereinst auf den Spiegeltischen der Schönen eine Stelle einzunehmen gewürdiget werde! So helft mir denn ihr neun göttlichen Schwestern meine Erzählung von demjenigen anfangen, was vor dem Kampfe meiner Heldinn voraus gegangen ist. Führet mich in das Zimmer der angeputzten Philinde, und lasset mich dieselbe gleich von diesem Orte bis auf ihren Kampfplatz begleiten.

Die fünfte Stunde des Nachmittags hatte bereits geschlagen. Die Kutschen rollten durch die *** Gassen, die Schönen zu ihren Verrichtungen abzuholen. Um den Wochenbetten fiengen sich schon die häuslichen Gespräche in halben Zirkeln an; und bey Selindens Caffeetische hatte man schon Callistens Brautschmuck zu beurtheilen aufgehöret, und wollte nunmehr Polyanders Art in die Fenster zu grüssen vornehmen. Nur Philinde saß noch beständig auf ihrem Stuhle, welchen sie bey jedem Kutschengeräusche, das sie an das Fenster gezogen, verlassen, und allemal mit einer Mine, worinnen Ungedulb und Annehmlichkeit vermischet waren, wieder gesuchet hatte. Endlich aber erschien ihr Kammermädchen und brachte die Nachricht, daß der Wagen gekommen wäre.

Der junge Selimor, welcher sie abzuholen in das Zimmer trat, machte gleich die Anrede, als das Fräulein mit dem Aufstehen beschäftiget war. Er eilete hinzu, ergriff ihren Handschuh, den eine der schönsten Hände ausfüllete, und

nach zwo Minuten hatte die annehmliche Phi=
linde den Stuhl völlig verlassen.

Einige unsichere Schritte, welche den zarten
Körper derselben alle Augenblicke fallen zu lassen
droheten, konnten doch nicht verhindern, daß
sie durch den Beistand des geschickten Führers
bis an die Treppe kam.

Hier zeigte der beherzte Selimor, wie man
ein Frauenzimmer auf der Treppe führen sollte,
ohne dasselbe auftreten zu lassen. Kurz, Phi=
linde wuste nur wie sie von ihrem Stuhle an
die Treppe gekommen war, aber von dem Her=
untersteigen und Auffetzen wuste sie nichts, denn
dieses verrichtete nur Selimor.

Die stolzen Pferde, welche dem Kutscher schon
mehr als einmal ihre Begierde, der schönen Phi=
linde zu dienen, kund gemacht hatten, flogen,
so bald die Wagenthüre durch das Einschnapfen
die Losung gegeben, so schnell über die Gassen,
daß Fahren und Absteigen so zu reden nur eine
Sache waren.

Hier stürzete sich das Fräulein in Selimors
Arme, aus welchen sie nicht eher gelassen wur=
de, bis die Thürschwelle nicht mehr von ihr
überstiegen werden durfte. Die Wand öfnete
sich, und unsere Heldinn kam in einen prächti=
gen Saal, wo viele Schönen und Mannsper=
sonen versammlet waren, die ihr alle bey ihrem

Eintritt etwas in geheim zu sagen schienen. Wie man nach der Zeit erfahren, so ist es eine Versicherung gewesen, daß sie willkommen wäre.

Der Himmel wollte dieser Versammlung seinen Beifall insbesondere zu erkennen geben, und hatte seine Lichter von dem Firmamente genommen, und in diesem prächtigen Saale angeheftet, ihn dadurch noch prächtiger zu machen. Die Sonne vertheilete sich in vier große Feuer, wovon ein jedes in zwölf besondern Sternen brannte, und über die Anwesenden schwebte. Die übrigen Himmelslichter nahmen ihre Stellen an den Wänden ein, und Castor und Pollux hatten den Ausgang und Eingang des Zimmers zu besorgen; Ein geschäftiger Planet aber lief um diese Lichter herum, und verhütete, daß sie sich niemals verdunkeln konnten. Der einzige Mond war davon ausgeschlossen, denn er mußte der Kutschen wegen auf den Gassen eine angenehme Dämmerung zu erhalten suchen. Sonst schien der ganze Saal ein glänzender Aufenthalt der Götter zu seyn, worinnen der Schönheitsapfel noch einmal sollte verschenkt werden.

Die ganze Gesellschaft hatte ihre Augen auf Philinden gerichtet, sie zu bewundern; Und keine Schöne, als die einzige Selinette, war schuld, daß man sich noch nicht entschliessen konnte, eine von beyden für die Schönste zu erklären.

Philindens Anzug war reizend: Ein blaues Kleid welches sich an den schönen Körper anschmiegte, zeigte eine sehr schmale Mitte des Leibes, die aus einer vortrefflichen Schulterbreite herabstieg. Gold und Silber schienen hier von gleichem Werthe zu seyn, da beyden die gerechte Anmuth, die aus allen Gliedern der Philinde blickte, erst die wahrhafte Kostbarkeit ertheilte. Allein was dem Fräulein die gröste Pracht gab, war ihr braunes Haar, welches, mit den stärksten Stralen der feurigsten Demante durchflochten war, und auf dem ausgeschweiften Nacken in wollüstigen Locken herum spatzierte.

Dem ungeachtet schien noch Selinette Philinden den Vorzug streitig zu machen. Ihr Anputz war so beschaffen, daß er wenigstens einige strenge Richter des Putzes einnahm, und Philinden die Stimmen entzog, welcher sich zu versichern ihre Schönheit eben im Begriffe war.

Die Meinungen blieben daher getheilt, und einige gaben Philinden, andere aber Selinetten den Vorzug. Allein, die gröste Sorge der Mannspersonen war, den Schönen einen Zeitvertreib zu verschaffen, worinnen sie aber die Wahl eben so unschlüßig machte, als vorhin die

Schönheit einen Ausspruch zu thun. Man wählete, verwarf, wählete wieder und verwarf auch wieder. Endlich nahete sich die schlaue Göttinn Erys; welche keine Gelegenheit, ihre Macht zu zeigen, versäumen wollte; dem jungen Selimor in der Gestalt eines geflügelten Kindes, und redete ihn mit einer Götterstimme an, welche in seinen Ohren ein undeutliches Klingen, in seinen Gedanken aber diese vernehmlichen Worte verursachete:

„Unwürdiger! Bist auch du unter der Zahl „derjenigen Liebhaber, welche über der leich-„ten Wahl eines Zeitvertreibes ihren Schö-„nen die Zeit zur Marter werden lassen? Ver-„dienest du wohl, daß deine Lippen die un-„vergleichlichen Hände Philindens berühren „dürfen? Ist nicht jeder schmachtende Blick „ihrer Augen für dich ein beissender Vorwurf, „daß er einem Würdigern gehöre? Was „säumst du? Unbedachtsamer! rufe mit be-„herzter Stimme aus, daß der Ausspruch „des Frauenzimmers euch, wie in allen „Stücken, so auch hier ein Gesetz seyn solle!

Selimor gerieth hierüber in eine kleine Bestürzung, und die Göttinn nahete sich zu Philinden und Selinetten. Der ersten stellete sie die reizenden Bewegungen des Tanzens vor, und der andern ihre Augen führte sie auf die an der einen Seite des Zimmers stehenden Lom̄bertische. Hier zeigte sie derselben die pariser Karten, die lackierten Markenschächtelchen, und die silbernen Spielteller. Sie gab ihr ein Solo mit neun Trümpfen in die Gedanken, welches sie ihr nachmals in die Hände zu geben versprach. Kurz, Selinette war schon ungedultig, daß sie nicht gleich Karte geben sollte, und Philinde schmachtete für Verlangen nach der Menuet.

Indessen hatte sich Selimor von seiner Bestürzung wieder erholt, und trug mit einem freymüthigen Zutrauen dem sämmtlichen Frauenzim̄mer vor, einen Zeitvertreib zu befehlen.

Sagt mir doch, ihr Musen, welche die erste war, die ihren Ausspruch bekannt machte! War es nicht eine von denjenigen, welche die Göttinn Erys eben so unvermerkt wieder verlassen als angeredet hatte? Ja, es war die reizende Philinde, die mit einer anmuthigen Sittsamkeit erst im Worte: Mir ist alles gleich; Hernach aber in die mächtige Erklärung: Ich habe lange nicht getanzt; ausbrach.

Unglückliche Selinette! Warum mußtest du gegenwärtig seyn? Warum mußtest du dieses hören? Warum konntest du nicht schweigen? Warum hieltest du dich berechtiget, Philinden, der schönen Philinde, die bereits die meisten Herzen gewonnen hatte, zu widersprechen?

Warum sagtest du mit einer Mine, die aus dem Schooße der Verachtung entsprungen war: Ich dächte wir spielten Lomber! Jedoch du sprachst diese verwegenen Worte aus. Ihr Götter, helft mir die Folgen davon nach der Wichtigkeit dieser großen Begebenheit erzählen!

Kaum hatte Philinde diesen trotzigen Widerspruch vernommen, so gieng sie mit einigen Burreeschritten auf Selinetten zu, welche sich nach der Seite, wo die Lombertische stunden, zurück begab.

Die Gesellschaft, welche die Erbitterung dieser Heldinnen aus allen ihren Blicken mehr als zu deutlich wahrnehmen konnte, theilte sich in drey Haufen. Die, welche von Philindens Meinung waren, bedeckten den Rücken ihrer Heldinn, die aber Selinettens Vorschlag angenommen hatten, stellten sich vor die Lombertische, und wenige von den übrigen, denen alles gleich galt, nahmen ihre Stellen bey dem Ausgange des Zimmers ein.

Kein Alexander kann so ungedulbig zum Ueberwinden werden, wenn sich seine Macedonier in sein Zelt drängen, und ihrem Helden mit mit einem kriegerischen Geschreye zurufen: sie entweder tapfer sterben oder rühmlich siegen zu lassen; Als Philinde zum Kampf aufgemuntert wurde, da sie fast die meisten auf ihrer Seite stehen sahe, welche mit einem anmuthigen Tröllern der neueſten Tänze, das muthigſte Feldgeſchrey machten.

Man ſagt, daß dazumal die Geiſter der Camargo und der Sallee Philinden zur Seite geſtanden haben.

Das erſte Wort, das aus den Lippen der annehmlichen Heldinn fuhr, war: Selinette; das andere: Du; und das dritte: Dopplerinn. Verwegner Cotillon, leibhaftige la Contre, verſetzte die aufgebrachte Selinette. Halt ein, Unglückliche, antwortete Philinde, dießmal wirſt du unmöglich Codille rufen. Vermeide eine Entree, welche für dich zu gefährlich iſt, und bedenke, daß dir das Schickſal mit einer unvermeidlichen Revolte drohet. O! ernſthafte Sarabande, ſagte Selinette, das Coupee wird dir dießmal nicht glücken, und meine Standhaftigkeit ſoll die Tour in deiner Hochmuthspolonoiſe ſo einrichten, daß du beſtändig die letzte bleibſt. Die Poſtmenuet deines Zorns wird ſo wenig Beifall finden, daß ſie endlich in den altväteriſchen Siebenſprung der Verzweifelung ausſchlagen muß.

Dieſe Antwort war fähig genug die erzürnte Philinde in die äußerſte Wuth, wobey ſie dennoch nichts von ihrer Annehmlichkeit und Reizung verlohr, zu bringen.

Sie eilete gegen ihre Feindinn, und wollte derselben durch eine Capriole, mit welcher sie auf sie los gieng, das Garaus machen. Der Sprung war vortrefflich, aber er würde noch weit vortrefflicher gewesen seyn, wenn die Feindinn demselben nicht ausgewichen wäre. Deswegen machte Philinde nur ein einziges Tournee, und setzte sich wieder in die Stellung, ihre Feindinn zu erwarten.

Inzwischen hatte sich auch Selinette wieder erholt. Sie gieng mit einem Kartenblatte auf unsere Heldinn zu, und ihr Wurf würde dieselbe ganz gewiß verletzet haben, wenn sie ihn nicht mit einem Seitenschritte geschickt zu vermeiden gewußt hätte. So aber verlohr diesesmal das Blatt, an der Perücke des getreuen Selimors, seine Kraft.

Hier stund die schöne Philinde, und warf in der grösten Eil einen Blick auf Selimors Perücke. Die Unordnung welche dieses Blatt darinnen zuwege gebracht hatte, bevor es matt geworden war, reizete unsere Heldinn zu dem stärksten Angriffe. Sie battirte, und wollte dadurch zu einem Vorschritte ausholen, der verwegenen Selinette entgegen zu gehen. Allein, da sich diese eines der tapfersten Anfälle schon versahe, so empfieng sie Philinden mit einem ganzen Spiele Karten.

Das Zimmer wurde beinahe gänzlich verdunkelt, und der eine Stern ließ, von dem starken Wurfe getroffen, mit der Schnupfe auch seine Klarheit auf den Boden fallen.

Philinde suchte mit einem Chaſſee auf die Seite zu weichen; allein die Spadille und die Baſte zeigten dießmal, daß ſie aus einer glücklichen Hand geſpielet wurden; denn die erſte blieb in Philindens Kopfzeuge, die andere aber in ihrem Palatine hängen.

Hier meinte nun Selinette dem Kampfe ein Ende, und dem Siege einen Anfang gemacht zu haben. Sie fieng ſchon an, die Marken, an dem Haupttiſche wo ſie ſtund, abzuzählen. Sie ſahe ſchon im Geiſte ihre Feindinn fliehen, und gab Befehl drey Könige und drey Damen auszuſuchen, die Stellen der Spielenden auszumachen.

Unſere Heldinn hatte ſich indeſſen die beyden Kartenblätter von ihrem Selimor herausziehen laſſen, und ſetzte vom neuen mit einer Gliſſade auf Selinetten, derſelben zu zeigen, daß ein Feind, welcher ſich nur zurückziehet, noch nicht zum Fliehen geneigt iſt.

Die ſtolze Selinette hatte nichts weniger als dieſes vermuthet. Sie verachtete ihre Feindinn, und war in dem ernſthafteſten Geſpräche mit den Ihrigen begriffen, die ſich mit großer

Heftigkeit wieder das Casco setzten, welches sie durchaus wollte gelten lassen.

Albine, Dorimene, Rosette, Firando, Karisto und Hyacyntho widersprachen ihrem Vorschlage mit dem gröſten Eifer.

Selinette warf gleich die Karte mit einer verächtlichen Mine auf den Tisch, als sich Philinde, die tapfere Philinde zu ihr nahete. Sogleich traten diese sechse, welche Selinetten den Sieg nicht gönneten, hervor, und legten Marken und Spielteller zu Philindens Füſſen, mit der Bitte, sie ihres Schutzes nicht unwürdig zu halten. Nach einer kleinen Ueberlegung nahm sie Philinde an, und setzte sie in die Posten der Caroline, Friederike und Juliane. Und weil diese Tänze sehr selten getanzet wurden, so geschahe es eigentlich nur, diese Leute, welche sie bey den Menuetten und polnischen Tänzen noch nicht brauchen wollte, wenigstens nicht ohne Gnadenbezeugung von sich zu laſſen.

Hierauf erhub sich ein allgemeines Freudengeschrey: Es lebe Philinde, die würdigste von dem Geschlechte des aimable Vainqueur.

Hier sahe Selinette, daß sie von den Ihrigen verrathen, und von Philinden so gut als überwunden war; Drum ließ sie nur noch unsre Heldinn um die Erlaubniß ersuchen, das Zimmer zu verlassen, und mit denen wenigen die auf ihrer Seite geblieben waren, ein anderes einzunehmen.

Die Antwort, die sie von unserer Siegerinn hierauf erhielt, bestund in einer großmüthigen Versicherung, daß sie nichts lieber als dieses sähe. Ja, man will gewiß sagen, daß ihr Philinde noch ein Spiel, welches sie auflegen könnte, hätte wünschen lassen.

Die Bedienten ergriffen die Lombertische, Celie und Silvie trugen die Karten, und der alte Amarant gieng mit denen Markenschächtelchen, womit er bis vor die Thüre klapperte, muthig durch das Zimmer.

Hiermit wurde der Kampf zu Philindens ewigem Nachruhme beschlossen. Man sahe allen und jeden, die an diesem Siege Theil nahmen, die lebhafteste Freude an. Man trällerte Philindens Leibmenuet, und ein jeder Schritt der Auf = und Niedergehenden verwandelte sich bey der Hälfte in ein reizendes Pas. Kurz, alle Minen redeten von einer triumphirenden Freude.

Nur Philinde blieb mit einer gesetzten Tapferkeit in sich selbst. Ihre Beschäftigung war, daß sie sich das Oberkleid über den Fischbeinrock zurechte zog, die weissen Handschuhe durch einige annehmliche Striche den Lilienhänden nochmals anbefohl, und den linken Fuß mit einem Schuhe, dessen Obertheil eine in Gold gestickte Tulpe bedeckte, in die zwote Position stellete. Denn sie wollte bloß zeigen, daß sie nicht gekämpft, Selinetten zu demüthigen, sondern nur für die Ehre der Tänze gestritten hätte.

Selimor, welcher ihr in diesem Eifer nichts nachgab, stund mit der beweglichsten Ungedult neben ihr. Sechsmal hatte er schon seine Hand nach der ihrigen ausgestrecket, und sechsmal wieder zurück ziehen müssen. Seine Augen sahen die vollstimmigste Musik, allein, da dieses nur ein Schatten seiner patriotischen Phantasey war, so hörten seine Ohren noch nichts, wornach seine Füsse ihre Schritte abmessen konnten.

Endlich ließ sich auf einem erhöheten Chore ein Violon hören, welcher mit fünf Tönen, die er von sich gab, die übrigen Instrumente herbey rufte, und als ein jedes mit drey bis vier Tönen gesagt hatte, daß es da wäre: so gab ein Tritt auf den Boden die Losung zum Anfange.

Hier theilte Selimors begierige Hand zum siebenden male die Lüfte, Philindens linke Hand abzuholen, aber auch noch dießmal vergebens. Denn einer von denen Luftgeistern, welche die Bandschleifen bey dem Frauenzimmer zu besorgen haben, ruhete gleich auf dieser Hand, damit er eine Schleife, die an Philindens Brust aus der Ordnung gekommen war, erreichen, und wieder in den vorigen Stand setzen konnte. Zu dem wollten erst die Instrumente zeigen, wie würdig sie wären, den Tackt zu den Füssen einer so großen Ueberwinderinn zu bringen.

Die zärtlichsten Töne erfüllten den ganzen Saal, und besonders schwebte der Schweif eines Zelters über der einen Violine so reizend und künstlich, daß die übrigen Instrumente gar bald schwiegen, weil sie auch nicht übertroffen seyn wollten, da sie nicht übertreffen konnten. Der einzige große Violon gab seinen Unwillen durch ein zorniges Brummen zu verstehen. Aber die verwegene und dennoch reizende Violine, suchte ihm mit hundert Läufern, mit den stärksten Trillern, und den zärtlichsten Schwebungen zuvor zu kommen. Jedoch sein Zorn legte sich nicht eher, bis sie schwieg.

Nun war es Zeit, daß Philinde anfieng die leichten Schritte nach den anmuthigsten Regeln zu machen. Sie tanzete also die erste Menuet, und Selimor that nichts anders dabey, als was der andere Diskant bey dem ersten verrichtet: Er leistete der vortrefflichen Philinde in dieser Menuet Gesellschaft, damit ihrer Vortrefflichkeit nichts abgienge, und es ihr an keinem fehlte, welcher ihre Hand nahm, wenn sie dieselbe geben mußte. Sonst sagt man, würde sie ganz alleine getanzet haben.

Beyde bewiesen, daß nur sie im Stande waren, die Vollkommenheiten der übrigen Tänze bey der Menuet anzubringen. O! ihr elenden Menuettänzer und Tänzerinnen, die ihr von nichts mehr, als von Seitenpas, Vorpas und Rückpas wisset! Meinet ihr, daß ihr mit diesen einfältigen Schritten der Kunst ein Gnüge thut? Meinet ihr, daß es zum Händegeben schon genug ist, wenn man die Hand nicht unbändig wegreisset und nicht unfreundlich darbietet? Werfet doch jetzo einen verschämten Blick auf Philinden! Hier erhebt das folgende Balancement das vorhergehende Seitenpas! Hier giebt ein wohl angebrachtes Contretems der Menuet die wahrhafte Zierde! Hier stehet Selimor und coupiert zuvor, wo ihr nur ein schlechtes Vorpas würdet gemacht haben. Hier giebt man einander die Hände; aber wie? Selimor braucht nur drey Finger, wo ihr eine ganze Hand anwendet, und diese geübten Finger fangen schon lange zuvor, ehe er ihre Hand erwartet, an, sich auf das annehmlichste zu rühren, und in dieser Bewegung Philinden entgegen zu gehen. Er nähert sich ihr mit einem freudigen Contretems, und nachdem er ihre Hand in einem Kreiße herumgetragen, und den Anwesenden gezeiget, als wollte er sagen: Sehet, hier besitze ich diejenige Hand, welche der Lohn aller derjenigen seyn wird, die Phllinden zu dem Siege über Selinetten Glück gewünschet haben! so entfernet er sich wieder mit einem schnellen Seitenpas, und nach einer halben Minute giebt ihn die kluge Philinde, deren Einsicht allemal so groß als ihr Trieb zu tanzen ist, ein Zeichen, daß die Menuet schon zu lange gedauert hat. Allein, ob gleich ein jeder ihren Schritten noch länger zuzusehen wünschet, so bringt doch Selimor Philinden wieder auf ihren Stuhl. Er küßt ihre Hand, aber seine Lippen nähern sich derselben nur so, daß sie niemals die polierte Handschuhe berühren, sondern allemal den Putzgeistern einen Weg übrig lassen, überall durchzukommen.

Die andern fuhren paarweise fort Menuetten zu tanzen. Und man kann ihnen zum ewigen Ruhme nachsagen, daß sie von niemanden als von Philinden, die sich, eine kleine Ruhe noch ausgenommen, fast beständig auf dem Tanzplatze sehen ließ, übertroffen wurden.

Unsere Heldinn war, so oft sie ausruhete, mit dem Selimor in einem Gespräche begriffen, wozu theils die Liebe, theils die Menuet Gelegenheit gab.

In der That, brach Selimor heraus, ihr Balancement ist hundert Pistolen werth. Ihre Augen sagten, daß er nicht zu viel gesprochen hätte; allein ihr Mund bat ihn, sie durch unverdiente Lobsprüche nicht röther zu machen, da man ihr ohnedem das Comtretems, und die zwey Sautees noch ansähe.

Dieses war ein schlauer Verweis, welchen sie hier einem der geschicktesten Tänzer gab, daß er nur ihr Balancement und nicht die andern Hauptschönheiten beurtheilet hatte.

Er öfnete gleich seine Lippen, hierauf zu antworten; und es ist zu bedauern, daß man nicht erfahren konnte, worinnen seine Antwort, in einem Falle, wo ein anderer würde verstummet gewesen seyn, hat bestehen sollen: denn der junge Mirandor trat gleich vor Philinden und foderte sie auf.

Kaum hatte er das Kompliment gemacht, so richtete sie sich so reizend auf, als eine Blume, von deren Stengel die Sonnenstrahlen des Morgens den sie beschwehrenden Thau weggenommen, und die sich wieder erhebt, sich den Augen der Spaziergänger in ihrer völligen Pracht zu zeigen.

Mirandor hatte eine der schönsten und neuesten Redutenmenuetten bestellt, und stund neben Philinden, welche den ersten Theil derselben mit unaußsprechlichem Vergnügen anhörete, und mehr als einmal mit einer sanften Bewegung ihrer Füsse zu verstehen gab, wie reizend sie dieselbe tanzen würde.

Aber, unglückliche Philinde! Mußte denn ein grausames Schicksal dein Vergnügen in einen so empfindlichen Schmerz verwandeln? Womit hattest du die Götter beleidiget, daß sie dir einen Streich zudachten, der für ein Frauenzimmer der unglücklichste ist? Warum mußte dieser, der dich in dieser Menuet anmuthig begleiten sollte, dein Abscheu werden? Warum ließ dir das Verhängniß nicht eine gleiche Gerechtigkeit mit der Daphne wiederfahren? Diese entgieng ihrer grösten Bekümmerniß durch eine Verwandelung. Warum waren die Götter Arethusen geneigter, als dir? Ja, nur du, die du noch weit mehr als diese beyden zu befürchten hattest, bliebst Philinde. O! daß sich doch dein Körper in eine Capriole auflösete, der Verwegenheit Mirandors zu entfliehen!

Der erste Theil der Menuet wurde gleich zum zweytenmale angefangen, als Mirandor Philinden bey der Hand ergreifen wollte. Allein, hier sank sie mit einem, Ach! nieder, welches auf den matten Lippen die Hälfte seines Tones verlohr. Sie hatte gesehen, daß sie Mirandor ohne Handschuhe, mit entblößter Hand angreifen wollen. War dieß nicht schon genug, Philinden die stärkste Ohnmacht zuzuziehen? Ja, denn die That bewies es.

Dem unschuldigen Mirandor war dieses noch nicht bewußt. Er hatte vergessen die Handschuhe anzulegen, und besann sich auch noch nicht, daß er dieses vergessen hatte. Er hielt also Philinden mit seinen unglücklichen Händen.

Die Gesellschaft eilete herbey, und man brachte sie auf einen Stuhl, wo man nur noch wenige Zeichen des Lebens bey ihr antraf. Die kostbaren Schwammbüchschen eröfneten sich und verwandelten die Luft auf einmal in einen köstlichen Geruch, wodurch es endlich so weit kam, daß Philinde ihre verschlossenen Augen wieder aufthat.

Mirandor, der wahrhaften Theil an diesem Zufalle nahm, ergriff sie in der grösten Unschuld bey der Hand, den Schlag des Pulses zu erforschen. Allein, da er dieses wieder ohne Handschuhe verrichtete, so schüttelte sich Philinde, als von einem starken Froste überfallen, und wurde zum zweytenmale ohnmächtig.

Ihre Lippen, welche bisher noch blaßroth gewesen, wurden anjetzo so bleich, daß man an nichts, als an ihrer angenehmen Erhöhung noch sehen konnte, daß diese Lippen Philinden zugehörten.

Selimor war bis zur Verzweiflung beſtürzt; Mirandor bedauerte ſie auf das kläglichſte, und die andern ruften unter dem empfindlichſten Mitleiden aus: Wer wird nun die polniſchen Tänze anführen? Wer ſoll uns die engliſchen anſtellen?

Man ſagt, daß in dieſer unglücklichen Stunde die Quinte auf der erſten Violine geſprungen, und ein Bogen von dem Chore der Inſtrumente auf den Boden gefallen ſey.

Selimor war indeſſen der erſte, welcher die Urſache dieſer Ohnmacht entdeckte. Kaum hatte er Mirandors bloſſe Hände erblickt, ſo legte ihm ſein gerechter Schmerz folgenden Verweis in den Mund:

„Unbedachtſamer! fürchteſt du nicht die Rache
„der Götter, und die Ahndung aller Schö-
„nen, daß du Philinden mit entblößter
„Hand auffodern kannſt? Iſt es möglich,
„Verwegener, daß du nicht achtſamer auf
„dasjenige biſt, wodurch man ein Frauen-
„zimmer auf das gröbſte beleidigen, und un-
„ſerm Geſchlechte den empfindlichſten Vor-
„wurf zuwegebringen kann? Ach, waren
„Selimors letzte Worte, erröthe!
Und Mirandor gehorchte, und trat beſchämt zurücke.

Es war die höchſte Zeit Philinden zu Hülfe zu kommen, da man ſo glücklich geweſen die

Schuld ihrer Krankheit zu entdecken. Floramor, der der einzige in der Gesellschaft war, welcher ein Paar wohlriechende Handschuhe trug, riß den einen von der Hand, und übergab ihn der schönen Nise, Philinden die Schläfe damit zu streichen.

Man konnte dieses Mittel das kostbarste nennen, weil es anschlug. Philinde öfnete ihre Augen wieder, und nachdem sie sich ein wenig erholt hatte, sagte sie mit matter Stimme: „Mirandor ist grausam, aber ihr übertreffet
 „ihn noch hierinnen wie der Tyger den Lö-
 „wen, daß ihr mir nicht gegönnet habt auf
 „dem Platze der Ehren zu sterben.

Man bemühete sich ihr zu zeigen, wie nöthig es für die Menuet wäre, daß sie noch lebte. Ja man lobte die Götter, welche nicht zugelassen, daß sich Selinette über ihren Untergang freuen könnte.

Hierauf wies ihr Selimor den unglücklichen Mirandor, der an einer Ecke des Zimmers stund, und von niemandem eher angesehen wurde, als wenn man ihn verspotten wollte. Selimor fürchtete, Mirandor könnte leicht zu Selinetten übergehen, deswegen legte er die aufrichtigste Vorbitte bey Philinden ein, die sich auch auf die Vorstellung, daß es ein bloßes Versehen von dem Mirandor wäre, der sich sonst im Tanzen allemal so gut gehalten, in diese Worte heraus ließ:

„Wir sind nicht gewohnt auf einen Menschen,
„der sich uns sonst gefällig gemacht hat, lange
„zornig zu seyn, und wir verzeihen niemals
„lieber, als wo man erkennet, daß wir uns
„rächen können.

Dieses brachte den Mirandor wieder in Ansehen, zumal da Philinde befohl, von dieser Sache nichts mehr zu sprechen.

Die Instrumente ließen sich wieder hören, und man wollte anfangen in den Menuetten das versäumte einzuholen. Allein Philinde hielt die Tänze diesmal für unglücklich, darum befohl sie, daß man lieber zu den polnischen Tänzen, wobey ein wenig mehr Freyheit erlaubt war, schreiten sollte. Weil ihr aber eine kleine Schwachheit noch nicht verstattete den Stuhl so bald zu verlassen, so mußte Selimor indessen ein Solo tanzen, dem sie mit unverwandten Blicken zusahe.

Philindens Aufmerksamkeit, und die Ehre, daß kein anderer als er diesen Befehl erhalten hatte, waren vermögend genug, den geübten Selimor zu den künstlichsten Bewegungen aufzumuntern. Kein Schritt war umsonst. Hier sahe man ein Portebras; Hier ein Pas grave; Hier ein Tournee und hier eine Pirouette, dergleichen zu sehen man bisher nur vergebens gewünscht hatte.

Ihr Musen! womit soll ich die Vollkommenheit seiner Capriolen beschreiben? Soll ich sagen, daß er sich bey jeder gleichsam in die Wolken erhob, den Göttern die freudige Nachricht zu bringen, daß sich Philinde wieder besser befände? Ja, hier drückte ich nur etwas von ihrer Höhe aus. Wodurch soll ich aber die zierlichen und schnellen Bewegungen seiner Füsse abschildern? Soll ich sagen, daß, so oft Selimor capriolirte, man nur glaubte, er hätte nicht mehr als einen einzigen Fuß? Unmächtiger Ausdruck! Die Geister, welche die Nath und die Wickel an seinen perlenfarbenen Strümpfen niemals verliessen, mögen zeugen wie schnell die Bewegung war, und wie gestreckt er battierte.

Gleich bey der ersten Capriole wurden sie, als von einem heftigen Sturmwinde getroffen, in die Luft geworfen. Und da ihre zarten Theilchen an die Luftkörper stiessen, welche viel zu fest für sie waren, so wurden sie zerschmettert, und flogen nur noch als ein lebendiger Staub herum. Jedoch ein jedes Theilchen vereinigte sich wieder mit den seinigen, so, daß im kurzen die Geister wieder halb und endlich ganz wurden. Nicht mehr als ein einziger, der noch das Uhrband erreicht hatte, war diesem Schicksale entgangen.

Jedoch, zurück ihr Musen! Führet mich wieder zu dem Stuhle, wo sich die unsterbliche Philinde bisher der Ruhe bedient hatte, damit sie sich den edelmüthigen Bewegungen wieder ergeben konnte.

Hier saß die Heldinn und hielt es für schimpflich, länger ruhig zu sitzen. Sie sprang muthig auf, und zeigte durch ihre Munterkeit, daß sie den Stuhl völlig entbehren konnte. Selimor kam ihr von seinem Solo so vergnügt entgegen, als dort der junge Held Horaz seinen Kampfplatz verließ. Sie fragte ihn aus Scherz, ob er mit polnisch tanzen wollte, wofern er nicht zu müde wäre. Er beantwortete dieses nicht anders als ein Held, der im Triumphe einziehet, und gefragt wird, ob er wieder siegen will.

Kurz, man stellete sich in zwo Reihen, das Frauenzimmer auf der einen, und die Mannspersonen auf der andern Seite. Philinde hatte zu diesem polnischen Tanze eine prächtige Tour ausgesonnen, und weil man nichts anders von ihr vermuthen konnte, so wurde die Reihe durch die Hinzutretenden immer verlängert.

Endlich machte Selimor, der Philinden gegen über stund, zuerst das Kompliment, welchem die andern in der vortrefflichsten Ordnung nachfolgten. Er führete Philinden durch die Reihe, und weil er im Führen mit Recht konnte der größte Meister genannt werden, so verrichtete er es mit einer ausnehmenden Anmuth.

Die Gesetze dieser Tänze erfodern, daß man wechselsweise auf den Füssen hinkt, den Körper in eine wankende Bewegung zu setzen, wodurch er sich in einer stolzen Geschäftigkeit zeigen kann. Hier hinkte nun Philinde so reizend, so prächtig, daß ein jeder sahe, wie sehr die Natur hierinnen von der Kunst übertroffen wurde. Bald legte sie ihre Hand auf den Rücken, in einer Gestalt, als wenn sie dieselbe zugemacht hätte, und sie sich nach und nach wieder zu eröfnen anfienge; bald stemmte sie dieselbe mit einer kleinen Verwegenheit in die Seite, als ob sie den Selimor fragen wollte, warum er sie führte, da sie noch gehen könnte. Ja, man hatte niemals das große der polnischen Tänze so deutlich gesehen, als an Philinden, und wenn ihre Kleidung wie ihre Stellung gewesen, so hätte man sie unmöglich für etwas geringeres, als eine polnische Fürstinn, halten können.

Nachdem sie sich eine ziemliche Zeit als eine Tänzerinn gezeigt hatte, welche das deutsche Frauenzimmer übertrifft, und es auch den sarmatischen Schönen zuvorthut, so machte sie mit ihrem Begleiter wiederum den Anfang zu der Reihe, woraus der Tanz entsprungen war, und in welche er sich wieder auflösen sollte. Und man verwandelte die polnischen Bewegungen wieder in die deutschen ungekünstelten.

Hier näherte sich die müde Chloris Philinden, mit einer angenehmen Wangenröthe, und einem weissen Schnupftuche, wodurch sie die kühlen Lüftchen lüstern machte, ihrer Stirne entgegen zu wehen. Wenn ich den Tanz angeführet hätte, war ihre Rede, so würde ich ihn nicht so lang gemacht haben. Philinde antwortete nicht anders als dort der unsterbliche Alexander dem Parmenio: Ich würde ihn selbst kürzer gemacht haben, wenn ich Chloris gewesen wäre. Diese wollte sich entschuldigen, allein sehr viele artige Hände, welche für Freuden über diese Antwort in einander geschlagen wurden, erlaubten ihr nicht mehr zu reden.

Inzwischen hatte Selimor Zeit seine goldene Uhr, als die einzige und kostbarste Frucht seiner Reise nach England, aus dem Behältnisse seiner sammtenen Beinkleider, hervor zu ziehen. Er erschrack, da er den Minutenweiser schon funfzehn Minuten über drey Uhr des Morgens fortgerücket sahe. Die Lust, diese vortrefflichen Uebungen noch länger fortzusetzen, und die Furcht, Philindens Ruhe nicht ihrer Schönheit zum Nachtheile zu unterbrechen, verursachten in seinem Gemüthe einen Streit, den nur derjenige recht begreift, welcher jemals eben gehen wünschet. Findet euch morgen wieder auf diesem Platze ein, und beweiset, daß ihr den Ort am liebsten wählet, wo euch Philinde den Weg zu der Ewigkeit gewiesen hat."

Hier verneigte sich Philinde, und Selimor hatte das Glück, diese Schöne wieder dahin zu begleiten, wo er sie abgeholet hatte.

Hundert freudige Ausrufungen schienen ihm diesen Vorzug nicht zu gönnen, denn sie folgten Philinden bis in den Wagen nach.

Auf diese Art wurde dieser Abend und diese Nacht beschlossen, welche noch mit anzusehen der Tag selbst, wie man sagt, früher als sonst erschienen war.

Die Traumgötter, die bey dem Schlafe eines jungen Doctors beschäftiget waren, verliessen ihren Aufenthalt, und stelleten sich um das Bette der annehmlichen Philinde, dieser Schönen den Schlummer durch die artigsten Capriolenschatten länger und süsser als sonst zu machen. Kurz Philindens Ruhe war ein sanfter Schlaf, und die anmuthigsten Träume verhinderten, daß sie nicht eher erwachte, bis die eilfte Stunde meldete, daß der Mittag die herrlichste Mahlzeit bereiten liesse.

Ihr aber, die ihr an der Vermehrung des Bayle arbeitet, vergesset nicht unter dem Buchstaben P. diese That der edelmüthigen Philinde aufzuzeichnen.

Zwey Klagoden,
von
A. G. Hering.

Vorerinnerung.

Hering! Wer ist das? Ein Preußischer Hofrath zu Cößlin in Hinterpommern. Ich bitte nur erst nachfolgende zwey Klagoden, wie sie der Verfasser nennt, zu lesen, und dieser Name wird so wichtig scheinen, als er jetzt unbedeutend ist. Man wird sich wundern, von einem so unbekannten Manne zwey Gedichte zu lesen, die, wegen der glücklichen Ausdrücke der Leidenschaft, wegen der kühnen Bilder, und der körnigten Gedanken, eines Uzes würdig wären. Hat dieser Verfasser noch mehr geschrieben? wird man dann fragen. Nein, sogenannte ernsthafte Geschäfte haben ihn von dem fernern Umgange mit den Musen abgehalten. Endlich wird man auch neugierig seyn, wie ich zu diesen Gedichten gekommen bin. Ich will meinen Lesern meinen und ihren Wohlthäter nicht verschweigen, es ist ein würdiger Officier bey dem Preußischen Dragonerregiment von Krokow, ein Herr von Blankenburg.

I.
Ueber den Tod einer Mutter.

Du Todesfest, Geburtstag meiner Schmerzen
Sey mir gegrüßt in deiner Wuth! —
Noch ist sie stumpf; — o presse mehr vom Herzen
Als Thränen, — presse Blut!

Sie ist dahin, die Mutter meiner Freuden,
Zwey Jahre schon ist sie dahin!
Und ich bin noch, — empfinde es am Leiden,
Daß ich noch Erde bin.

Sie starb! — O Gott, das konnte ich ertragen? —
Und meiner Seele Ueberrest
Liebt seine Quaal? — Und hält, vom Schmerz zerschlagen,
Des Lebens Folter fest?

Ach! daß ich nicht den Kampf der Todesstunde
Ihr nachempfand, nicht um sie hieng,
Den Seegen nicht vom kalten dürren Munde
Im letzten Hauch empfieng!

Ihr brechend Aug', voll starrem Todes-
.......schlummer
Noch zärtlich nach mir hingewandt
Hätt' ich gesehn! — da hätte stärk'rer Kummer
Die Nerven abgespannt.

Nun leb' ich noch, wenns Leben ist, zu kla-
.......gen! —
Der Freude todt, vom Schmerz bewegt,
Hör' ich den Puls in schweren Gängen schlagen,
Und murre, daß er schlägt.

Bald müdes Herz, bald wirst du schwächer
.......klopfen;
Dem Elend ist der Tod kein Weh,
Noch einen Schlag — — so starrt der faule
.......Tropfen,
Dann lächle, und vergeh.

„Wird sie mein Tod der Erde wiedergeben?"
Der Erde? — Welche Kleinigkeit!
Verlange mehr, und kaufe für dein Leben
Sie, und die Ewigkeit.

Ergreif ihn ganz, den mächtigen Gedanken,
Ergreif — die Ewigkeit und Sie!
Was hast du hier? die Träume eines Kranken,
Und unfruchtbare Müh.

Stirb vor Begier! Dich tödtet doch kein Kummer,
Du nährest dich von deiner Pein.
Vertraut mit ihr, erwachst du matt vom Schlummer,
Und schläfst auf Thränen ein.

Gieb mir den Raum in Wüsteneyen
Wo sich die Redlichkeit verbarg;
Und nimm, o Welt, nimm deine Gaukeleyen
Für meiner Mutter Sarg!

Zwar wein' ich nie auf ihrem Leichensteine,
Den Trost schlägt mir das Schicksal ab;
Doch find' ich ihn, wo ich nur einsam weine,
Mein Busen ist ihr Grab.

Wie gern gäb' ich die unempfund'nen Tage
Ein Seculum um eine Nacht
Die ich, verhüllt in Finsterniß und Klage,
Des Daseyns werth gemacht!

Da hebe ich die Thränenschweren Blicke
Zum Himmel auf von ihrer Gruft,
Und seh getäuscht sie und ihr ganzes Glücke
Wie Blitze durch den Duft.

Und wenn ich so auf Phantasieen schwimme,
Hält jede Ader an, und harrt,
Ob jetzt, — — und jetzt des Todesengels
          Stimme
Gebiethen wird: **Erstarrt**:

Der Engel schweigt. Doch rauschen seine
          Flügel
Vorüber, und durchschaudern mich,
Das Leben steht — — Dann nimmt der
          Schmerz den Zügel
Zurück, und rächet sich.

Ich sinke hin, die Augen starr vom Harme,
Mit trocknen Wangen, blaß, und stumm.
Seh dann ihr Bild, und schlage frohe Arme
Um den Betrug herum.

Erscheine mir! auch in den starren Mienen
Wo der Verwesung Klauen stehn;
Das schreckt mich nicht! Ich werde doch in ihnen
Dein Mutterherz noch sehn.

Gott schuf dies Herz, groß zu des Glau-
          bens Lohne,
Er schuf's, sein Heiligthum zu seyn;
Sanft wie das Licht am unbegränzten Throne,
Wie Himmels Freuden, rein.

Dies ist mein Stolz, mein Reichthum, meine Ehre!
Ich bin der frommen Tugend Sohn!
Mein künftig Glück steht fest auf ihrer Zähre,
Fest wie der Wahrheit Thron.

Sie legte mich mit siegendem Verlangen
In meines Gottes Vaterhand.
Da sank ihr Knie, da strömten ihre Wangen,
Sie rang, sie überwand.

Die Thränen ihr — nur eine zu vergelten,
War mir, dem Endlichen zu schwer;
Für ihren Geist war nichts in Gottes Welten,
Nichts groß genug, als Er.

Wie hat der Wunsch, ihr Alter zu erquicken,
Du weißt es, Gott, mich angeschwellt!
Da lernt' ich Neid, und unbekannt Entzücken
Nach Sceptern oder Geld.

Armsel'ge Welt! gieb mir des Stolzes Kronen,
Der Wollust Wein, des Siegers Raub;
Mehr nichts? — Nimm weg! ach! Thränen zu belohnen
Gebrauch ich mehr als Staub.

Ja, ich bin arm; doch wünscht' ich sie ins Leben,
O, sie war ganz Zufriedenheit!
Sie hätte, könnt ich ihr sonst nichts als Wün-
  sche geben,
Der Wünsche sich erfreut.

Ihr Lächeln sehn, die Sorgen ihr ersparen,
Für ihre Ruhe mich bemühn,
O welch ein Sporn! Da wollt ich zu Gefahren
Wie zu Triumphen ziehn.

Und fände ich auf meines Fleißes Wegen
Ein kleines Glück, wie flöge ich,
Wie rief ich froh: „hier Mutter ist dein Seegen,
„Nimm ihn und segne mich!"

Dann würde ich, mit mütterlichen Küssen
Von ihr umarmt, ihr Sohn genannt,
Dann lägen wir zu unsers Gottes Füssen
In Dank und Lust entbrannt.

Und nun — da ich ihr nichts vergelten werde —
Ach, solches Glück war mir zu groß! —
So laß mich denn, du Freudenlose Erde,
Laß meine Seele loß!

Langsam gerinnt das Leben durch die Glieder;
Bald, mein Erlöser ists genug,
Bald seh' ich sie! — — werft meinen Staub,
  ihr Brüder,
In ihren Aschenkrug!

II.
Ueber den Tod eines Bruders.

Du stirbst! ich folge schon, und kann das
          Grab nicht scheiden,
Ein Leben schlägt in dir und mir;
Und ist es mir versagt den Tod für dich zu
          leiden:
So leid' ich ihn mit dir.

  Er opfert dich zuerst: Gott hat es ihn geheissen,
Ich liebte dich vielleicht zu sehr;
Der Tod mag Zeuge seyn: dich von mir loszureissen
Ward seiner Stärke schwer.

  Darf ich mein schwellend Aug' zu Gott vom
          Staub erheben?
Wirst du es meinem Gram verzeihn? —
Warum erhieltst du mich? — Was soll mir
          dann das Leben?
Das Leben! — meine Pein!

  Du hast mich aufgesteckt zum Ziel von deinem
          Bogen,
Du nimmst mir meine Krone ab,
Du schüttest Grimm auf mich, und schwemmst
          mit großen Wogen
Ein dürres Blatt ins Grab.

Dein Eifer stößt auf mich, hat mein Gebein
zerbrochen;
Am Jammer fühl' ich's, daß ich bin.
Er trinkt mich aus, und gießt die Stärke mei-
ner Knochen
Wie Wasser vor dir hin.

Wie lange soll ich noch das Sclavenjoch der
Erde
Mit wundgerieb'nen Halse ziehn?
Wenn ich aus ihrem Joch doch einst entfliehen
werde,
Kann ich jetzt nicht entfliehn?

Ist noch der Tag nicht da, mich, den Ver=
wesungserben,
Wie meinen Bruder, zu befrein:
Soll ich auf seinem Sarg' zum zweytenmahle
sterben? —
Jetzt, Herr, erbarm dich mein!

Laß ab, laß ab von mir! wird dich mein
Seufzen ehren?
Du siehst ich bin der Last zu schwach;
Mein Bruder ist nicht mehr! das Blut aus mei-
nen Röhren
Schwimmt ihm in Thränen nach.

Wie feurig liebten wir! So liebten Brüder
selten.
Du weißt es, Gott, ich war sein Herz.
O das vertheidigt mich! — wenn mich die
Menschen schelten,
So ehrt Gott meinen Schmerz.

Ja, kennte nur die Welt die Größe meiner
Wunden,
Dein Herz, dein Bruderherz, und dich;
Sie weinete mit mir, und der, der nie em-
pfunden
Empfände jetzt für mich.

Ich mag ihr Mitleid nicht! — Und klagten
Nationen
Um seinen Werth und um sein Glück,
Das kann mich nicht erfreun, das kann mich
nicht belohnen;
Bringt Klage ihn zurück? —

Mein Vater und mein Gott! dein Schwerdt
entnervt mein Leben,
Frißt meine Kraft bis auf den Kern,
Gebeut! Soll ich mein Blut für meinem Bru-
der geben?
Ich blute, — blute gern! —

Wie edel liebte er! Nie ließ er mir zum Kla-
 gen,
Zur Sorge, zum Verlangen Zeit,
Und that die Vaterpflicht, — was kann ich
 größers sagen?
Mit Bruders Zärtlichkeit.

Ich Aermster hatte nichts ihm Thaten zu
 vergelten,
Als Liebe, Sehnsucht, und Gebet;
Mein Reichthum war sein Herz; für ihn hätt'
 ich die Welten,
Und nichts für mich ersieht.

Ich ließ vor meinen Blick den raschen Strom
 der Zeiten
Mit seinem Raube überziehn,
Die waren auch noch arm, — — ich griff
 nach Ewigkeiten
Mit frommen Geiz für ihn.

Für mich bedürft' es nur den Raum von Au-
 genblicken,
Und seine Tugenden zu sehn,
Dann, seine treue Brust an meine Brust zu
 drücken,
Dann, — still voranzugehn.

Sein Schutzgeist wär' ich nun, bewachte sei-
        nen Schlummer,
Verspräch ihm Kronen nach dem Streit,
Verdiente mir sein Herz, und löschte seinen
        Kummer
Mit Glaubens Freudigkeit.

Dir brächt' ich sein Gebet, die Siege seiner
        Tugend,
Was er entwarf, vollbrachte, litt,
Erhielte Lohn für ihn, und nähm der Himmel
        Jugend
Ihn zu bewundern mit.

Und endlich hätt' ich ihn, im Blute deines
        Sohnes
Zum Ueberwinder eingeweiht.
Und seeliger mit ihm, mich seines großen Loh-
        nes
Wie meines Lohns gefreut.

„Komm, hätt' ich ihm gesagt, empfange deine
        Palmen,
Das ist dein Jesus. Knie mit mir!
Wie hoch ist dein Gefühl! Wie feurig deine
        Psalmen!
Wie groß ist Gott in dir!

Die Himmel drängen sich, dich Bruder zu begrüssen,
Dein Vater — Mutter, — hier dein Kind! —
Umarme mich, und sie! — laß uns in Dank zerfliessen,
Daß wir so glücklich sind." —

So träumt ich mir ein Glück, ohn' meinen Gott zu fragen.
Wie schwer bezahlt mein Herz dafür!
Die Träume fahren auf, verwandeln sich in Klagen,
Und fodern ihn von mir —

Ach! ists noch nicht genug? Vergieb mir mein Versöhner!
Mein Jammer geht vielleicht zu weit! —
Ich freu' mich auf das Grab, wie sich der Tagelöhner
Zum Abendsterne freut.

Poesieen,
von
J. C. Lavater.

Vorerinnerung.

Nachstehende Geschenke, die ich der Gütigkeit des Herrn Verfassers zu danken habe, werden meinen Lesern desto interessanter seyn, da sie vermuthlich, ausser den Schweizerliedern, noch nichts von diesem glücklichen Dichter gesehen haben, und sie ihn doch daraus als einen Mann werden kennen lernen, der die erhabnen Themata der Religion und sittliche Lehren im Geist eines Hagedorn, Kleist, und Kramer besingen kann. Besonders hat die Hymne, Gott in der Natur, sehr starke Stellen. Ein Theil dieser Gedichte ist durch das Zürcher Concert veranlaßt worden.

L.
Choral.
Der Gott der Natur.
Zum Neuen Jahrstag 1769.
Aus dem CIV. XXXIII. XXXIV. Psalm.

Lobe den Herrn, du meine Seele; O Herr! mein Gott! du bist sehr herrlich! du bist mit Ehr und Zier bekleidet! Wie viel sind doch der Werke, o Herr! Du hast sie alle weislich geordnet; und die Erde ist voll deiner Güter! Preiset den Herrn mit mir, und lasset uns mit einander seinen Namen erhöhen! Preiset den Herrn mit Harfen und Lauten! Lobsinget ihm mit dem Psalter! Singet ihm ein neues Lied! Machet es gut auf den Saitenspielen mit Schall! —

Erster! Unaussprechlicher!
Vater der Natur! aller Welten Herr!
König aller Ewigkeiten!
Alles bete dich, durch dich glücklich, an,
Dich, den kein Gesang, kein Ton von goldnen
          Saiten,
Und kein Verstand zu keinen Zeiten,
Kein Engelslied erreichen kann!

Chor.

Vor dir, o Herr, tritt unser Chor zusammen,
Vor dir, der höher ist, als alle Namen!
Wie heilsam ists, wie lieblich und wie schön,
Vor deinem Angesicht empfindungsvoll zu stehn,
Und dich mit einem Mund, Jehovah, zu erhöhn!

Unendlicher! Unendlicher!
Jehovah! Allgewaltiger!
Mit Licht, wie mit Gewand, umgeben.
Du Quell von Millionen Leben!
Unerschöpflich! groß von Kraft,
Der, was er nur will, erschaft!
Alles, was erschaffen ist,
Alles sagt, wie groß du bist.

Chor.

Erheb ihn hoch, den Herrn, du Chor der
Frommen!
Laß rein dein Lob zu seinen Ohren kommen!
Er horcht mit Lust auf jeden Liederton,
Und kömmt er gleich vom Staub, wenn gleich
um seinen Thron
Der ganze Himmel singt dem Vater und dem
Sohn.

Allmächtiger! du willst, und Himmel sind, und
Erden,

Und Kreaturen ohne Zahl,
Unendlich mannigfaltig, werden,
Und stehn, wo nichts war, auf einmahl.
Im Anfang sprachst du: Werde Licht!
Da ward das Licht.
Du zündest Sonnen an, und heissest Sterne
rollen,
Und zeigst dem Monde seine Bahn.
Ja, Allmacht! nur dein schweigend Wollen
Fügt neue Welten still den alten Welten an;
Versengt, wie Flammen Haar, Systeme von
Planeten,
Die sich Jahrtausende von einem Schwunge
drehten,
Jahrtausende nie stille stehn.
Du heißst zum Weltgericht die flammenden Ko-
meten
In ungemeßnen Kreisen gehn!
Es hängte deine Hand den Erdenball ins Leere
Mit seiner Berge Last, und seinem ofnen Meere,
Als ob er nur ein leichtes Stäubchen wäre!
Du hießest ihn, sich um sich selber drehn,
Und mit der Sterne Heer in stiller Ordnung
gehn.
Er wandelt fort in stetem Gleichgewichte,
Tränkt täglich um und um sich mit dem Son-
nenlichte;

Verrückt sich um kein Haar, geht immer seine Bahn,
Fängt, wenn er sie beschließt, sie wieder forren an.

Chor.

Allmächtiger! Dir sey von Würmerzungen,
Vom Staub hinauf, vom Herzen weg gesungen.
Wir sind zu tief; du bist zu hoch erhöht!
Wer ist, der deine Macht, Unendlicher, versteht?
Wir stehn mit tiefem Schau'r vor deiner Majestät.

Du schufst die Luft, durchsichtig gleich Krystallen,
Sie leiht des Lebens Hauch allgegenwärtig allen,
Und läßt Gedanken laut von Ohr zu Ohr erschallen,
Und macht den Stralen Pfad, die, schneller als der Wind,
Durch jede Dämmerung des tiefen Himmels wallen,
Und ferner Sonnen Boten sind.
Die Wolken heißest du, gleich einer Heerde,
Bald hier, bald dort am blauen Himmel gehn,
Und über Berge, Meer und Erde,
Die Winde sanft und stürmisch wehn.
Du schießest deinen Blitz, und alle Helden zittern;
Gehst du im tiefen Thal und auf dem grauen Meer,

Gehst du in schwarzen Ungewittern,
Am schwülen Horizont einher.
Du sprichst; Es donnert Schlag auf Schlag,
Und tiefe Nacht wird heller Tag;
Tag, fürchterlicher als die Nacht,
Wenn deines Blitzes rothe Pracht
Die zagende Natur dem Sünder sichtbar macht.

Chor.

Doch bringt uns Blitz und Donner tausend
Seegen
Aus deinem Schoos, aus deiner Hand entgegen.
Gott ist die Lieb', auch wenn er Sündern dräut!
Gott ist die Liebe stets, die Erde weit und breit
Ist voll von seiner Macht, voll seiner Gütigkeit!

Gott! Millionen deiner Werke
Verkünden uns die Weisheit, Huld und Stärke,
Die kein Gesang beschreibt, und kein Gedanke
mißt,
Weil alles Gott in dir unendlich ist.
Dich preiset jeder Punkt im unermeßnen All,
Der Sonnenstaub, als wie der Sonnenball!
Und jedes Thier, und jede Kreatur,
Preist dich auf andre Weis', o Vater der Natur!
Der Adler trägt dein Lob auf ausgespannten
Schwingen
Mit stolzem Flug entgegen dir,

Wenn er es wagt, der Sonne zuzuringen,
Und seine jungen muthig ihr
Mit ofnem Auge darzubringen;
Und wenn er tief am Meilen-fernen Staube,
Wo er, ein schwarzer Punct, uns kaum noch
      sichtbar ist,
Zum Menschen unbemerkten Raube,
Schnell, wie ein Pfeil, darnieder schießt! —
Dir brüllt der Löw sein Lied, die Augen voller
      Flammen,
Und Unerschrockenheit auf seinem Angesicht,
Und schwingend seinen Schwanz, mit dem er
      feste Stammen
So leicht, wie schwache Halmen bricht! —
Der weiße Elephant, der auf den Rücken
Bewohnte Häuser trägt, und mit verstohlnen
      Blicken
Erforscht des Jägers feinste List,
Und Weisen selbst verhehlt, wie er gebohren ist,
Der lächelt uns dein Lob — und sagt uns,
      daß du bist!
Das unerschrockne Pferd, das Spies und
      Schilde sieht
Und nicht vorm Panzerglanz und Kriegsgetüm-
      mel flieht,
Das wiehert dir sein Lob, indem es stampft
      und glüht.

Die schwerbeleibte Kuh, mit Milcherfüllten
                    Eitern,
Der Lämmer sanfte Schaar bey wollenreichen
                    Müttern,
Blöckt dir dein Lob, du Quell von allen Gütern!
Der Wallfisch braust durch ein aufsiedend Meer,
Strömt dir dein Lob empor, und Schrecken um
                    sich her!
Der Bieber, der im Strom sich feste Städte
                    baut;
Und Wesen ohne Zahl — bis auf dem Wurm
                    am Kraut!
Die Ceder und der Halm; — das Herz —
                    das Aug — die Haut —
Ein ganzes Paradies — und jedes Läubchen,
Und jede Milb' und ihre Welt, ein Stäubchen
Preist deine Macht, und deine Weisheit laut!

Chor.

Allmächtiger! der Alles schuf und kennet,
Von dessen Lob ein jedes Herz entbrennet,
Das deine Macht und deine Weisheit fühlt!
Kein Endlicher versteht, Gott, deine Größe ganz!
Wir sehn nur einen Stral von deines Lichtes
                    Glanz!

Der Frühling steigt mit anmuthreichen Blicken
Aus Gottes Schoos in holder Pracht herab!

Streut Blumen um sich her, und gießt Entzücken
Auf jegliches Geschöpf, dem Gott Empfindung gab.
Wer heißt des Sommers schwühle Pracht
Vom blau gewölbten Himmel sinken,
In seiner Rechten Tag, und kurze Nacht
In der verhüllten Linken?
Wer führt die Sonne hoch? Ihr majestätisch Bild,
Das keine Dämmerung, kein Nebeldampf verhüllt,
Strahlt Millionenmal auf Seeen, Teich und Bächen,
Auf tausend Tropfen Thau, und tausend Sichelflächen,
Wälzt sich im Schweiß, der von den Wangen rollt,
Und mahlt im Auge sich, als wie ein Stern von Gold.
Sie senkt den heissen Strahl auf Alpenhöhn, und schmelzet
Den hohen Schnee herab auf tiefre Berg', und wälzet
Die trübe Fluth durch manches schwüle Thal,
Wo Einfalt unbekannt, wo Treu und Unschuld wohnen,
Vertraut mit Armuth und mit Ruh,
Den Schwindelvollen Nationen
Und fernen Meeren zu!

Wer heißt, als du, die harten Felsen blühn?
Wer schmückt, als du, mit Schattenfarbnem Grün
Der Berge Wänd', hinauf die hochgestammten
      Wälder,
Mit wallenden und goldnen Aehren Felder?
Wer füllt des Landmanns Arm mit reifen vollen
      Halmen,
Mit Freude seine Brust? und seinen Mund mit
      Psalmen?
Und seiner Kinder Herz mit Dank?
Und Berg und Thal mit Lust und Lobgesang?
Wer deckt im kühlen Herbst der Berge Haupt
Und Feld und Wald mit grauen
Und feuchten Nebeln zu?
Wer, wer, o Gott! als du,
Füllt manchen Berg mit süssen blauen
Und braun gebrannten Trauben an?
Mit kühlen Obst den Baum, daß jeder Ast
Sich niederbeugt von seines Seegens Last,
Daß jedes Herz sich freuen kann?
Wer streut im Winter weissen Schnee
Auf Feld und Wald und Tief und Höh?
Und wessen mächtiges Geheiß
Verwandelt Wasserflüß' in Eis?
Wer deckt die zarte Saat der goldnen Erndte zu?
Wer, unser Gott! als du?
Der Himmel und die Erd und Meer und Fluß
     ist dein,

Und mehr, als Sonn und Mond, sind wir, wir
Menschen dein!
Dein Werk sind wir! und, Vater, deine Kinder!
Und, als die Engel nur, ein wenig minder;
Empfinden dich; o wohl uns! wir sind dein!
Was du erschaffst, es sey groß oder klein,
Muß eines Daseyns werth, werth deiner All-
macht seyn!
Nein, was du schufst, das ist nicht klein!
Der Staub nicht, nicht die Blume, nicht ein Blatt,
Viel weniger der Mensch, der eine Seele hat.

Chor.

Sey hochgelobt! du Herr der Weltenheere!
Von unserm Chor hinauf in jene Chöre
Schall unser Lobgesang noch oft und viel!
Laut preise dich die Harf und Horn und Sai-
tenspiel,
Und Harf und Sait und Horn nie ohne Dank
Gefühl

II.
Pastoral.
Zum Neuen Jahrstag
1770.
Psalm XXIII. 1—3.

Der Herr ist mein Hirt; es wird mir nichts mangeln: Er weidet mich auf einer grünen Aue, und führet mich zu stillen Wassern: Er erquicket meine Seele: Er leitet mich in der Straße der Gerechtigkeit um seines Namens willen.

Weit flieht das stille Glück vor Thronen und Palästen,
Wo Lüge Wahrheit heißt, und die Verstellung Pflicht,
Und flieht des Lachers Angesicht!
Such Freude, wo du willst, nur nicht an Freudenfesten,
Nur in der Städte Lärm, im Dunst der Mauern nicht,
Wo statt Natur wir Kunst, und Zwang statt Einfalt finden,
Wo Vorurtheil und Stolz mit Netzen uns umwinden — —

Wer deine Freuden kennt, einfältige Natur!
Wünscht eine Heerde sich, und eine Flöte nur,
Und einen kühlen Quell, und einen Felsenwald,
Der jedes Hirtenlied dem Thale wiederhallt.

Wer findt so leicht, wie du, den Zutritt zu
        den Herzen?
Trift jede Saite so, und jeder Tugend Spur?
Vor wem entfliehn so bald der Kummer und die
        Schmerzen?
Wer reizt uns mehr als du, schönblühende Natur?
Das Herz erweitert sich, die Seele fühlt sich freyer,
Der Tugend Funke wird ein immer reges Feuer,
Wenn deine Lieblichkeit sich dem zu fühlen giebt,
Der stille dich beschaut und deine Einfalt liebt!
Dort in der Städte Dampf wird, wie von wil-
        den Wogen,
Die Seele stets umrauscht und hin und her ge-
        zogen;
Ist immer außer sich; gelähmt ist der Verstand;
Kalt das Gefühl von Gott, und starr die schön-
        sten Triebe
Der Großmuth und der Bruderliebe,
Wodurch der Menschen Herz Gott selbst zusam-
        men band!
Dort sucht Sie Ruhe stets, wo sie nicht ist, ver-
        gebens!

Natur, Natur, nur du strömst einen Strom
    des Lebens
Und Himmelreine Ruh
Den sanften Herzen zu!

O könnt' ich meine Tag' in einer Hütte leben,
Fern in dem Blumenfeld,
Wie würde da mein Herz mit Flügeln sich erheben
Weit über das Geräusch der Welt!
Wie würde mein Gemüth dem Kummer sich ver-
    schliessen,
Der mir so oft die reinste Lust vergällt,
Und einen Schleyer mir vor meine Seele hält;
Könnt' ich mich selbst im Schattenthal geniessen;
Nur mir und meinem Gott, nur wenigen bekannt,
Und Vater, Mann und Freund und Bruder nur
    genannt;
So würde, wie ein Bach, mein Leben still ver-
    fliessen,
Und manche Leidenschaft blieb fern von mir ver-
    bannt!
Und tausend Sorgen, die das Leben kränken,
Die würden nie den Pfeil auf meine Hütte lenken,
Auf meine Lämmerheerde nie.
Voll Ruhe würd ich hier an Tod und Zukunft
    denken,
Entfernt von aller eiteln Müh!
Da sänk ich jeden Tag vor meinem Schöpfer nieder,

Und göß ihm neuen Dank für neue Gnade hin;
Und säng ihm jeden Tag erhabn're Freudenlieder,
Weil ich vergnügt, weil ich unsterblich bin!
Und um mich würde da nicht Einer trostlos weinen,
Nicht Einer da verlassen seyn!
Ich würde gutes thun dem Großen und dem Kleinen,
Sein Wohlstand wär mein Glück, sein Elend meine Noth!
Denn Wohlthun wäre mein Vergnügen;
Ich sagte jedem still: Was mein ist, Freund, ist dein!
Dein meine Lämmer, meine Ziegen,
Und meine Milch, und mein erpflügtes Brod!
Und seine Brüder, seine Kinder
Liebt' ich wie Brüder, und wie meine Kinder,
Und suchte sie mit Liedern zu erfreun.
Und wär ein Nachbar krank, ich würde für ihn weiden,
Und wachte neben ihn die lange Nacht,
Und spräche sanft mit ihm von jenes Lebens Freuden
Und Gottes schneller Wundermacht!
So lebt' ich hochvergnügt, — denn inner meinen Marchen
Wär Tugend nur und Seelenheiterkeit; —
So seelig wie die Patriarchen
Der goldnen Hirtenzeit!

O wie schwillt mir mein Herz empor nach die-
  sem Leben,
Wie ekelt vor den Städten mir!
O ländliche Natur, wie sehn' ich mich nach dir!
Wie will ich nach dem Glück, das du mir gön-
  nest, streben!
Ich will ein Hirt, ein Blumenpflanzer seyn,
Mich locke keine Lust in eine Stadt hinein!
  Wie himmlisch wohl war David bey den
  Schaafen!
Wie sanfte ruht' er aus, wenn er von Weiden müd,
Entschlief an einem Bach nach einem Hirtenlied!
Wie leichte lernt' er da dem Herrn vertraun,
Mit Gottgestärktem Arm und ohne Graun
Den Löwen zwingen; und den Helden strafen,
Der Israels und Gottes Macht
Mit fürchterlichen Drohn verlacht' — —
  Wie seelig waren an der schönsten Nacht
Die Hirten Bethlehems! Der Unschuld reine
  Söhne
Vernahmen Hallelujatöne
Des Himmels, sahen Engelpracht!
So krönte Gott das stille Hirtenleben!
O würde Gott mir eine Heerde geben!
  Doch halte still, mein Herz, und schau dich
  selber an!
Laß deine Wünsche nicht nach goldnen Träumen
  fliegen!
Wenn Tugend, wo du bist, dich nicht erfüllen kann,

So sehnst du außer dir umsonst dich nach Vergnügen!
So eiltest du gar bald von jener Hirtenruh,
In die verliebt du schienst, dem Lärme wieder zu!
Nur wo die Tugend ist, ist ihre Schwester, Freude;
Wem Eine sich vertraut, den lieben alle beyde.
Den ewig reichen Quell von ewig süsser Lust
Trägt jeder Erdensohn in seiner eignen Brust,
Der König auf dem Thron, der Bauer auf der Weide!
O sähe jeder nur den tiefen Freudenquell,
Den nur der Unschuld Aug erblicket!
Der immer nah, und immer frisch und hell
Den Wanderer zur Ewigkeit erquicket!
Drum sollen mich nicht eitle Wünsche grämen;
Mein Herz, mein Herz ist mein!
Das soll mein Silberbach und meine Heerde seyn!
Ich darf mich des Berufs, den Gott mir gab, nicht schämen,
Und schlöß' er Lebenslang mich inner Mauern ein,
So könnt ich seelig doch bey meiner Tugend seyn,
Und bey der Zukunft Sonnenschein!
Dort erndt' ich doch erhabn're Freuden,
Als kein Violenthal, und als kein Heerdeweiden
Und keine Flöte mir gewährt;
Dort werd ich fern von jeglicher Beschwerde,
In Paradiesen der verklärten Erde,
Ein unschuldvolles Lamm von Gottes Heerde
Seyn, wo der Frühling ewig währt!

III.
An meinen Freund und Schwager
Wilhelm Schintz,
bey dem Begräbniß seiner Frauen
Regula Schulthes
und Ihrer todtgebohrnen Tochter.
1769.

Sie starb, sie starb hinweg, die Mutter mit
    dem Kind;
Sie giengen Hand in Hand, wo Gottes Todte
    sind.
Hinweg von dir, weit weg von deiner treuen
    Rechte.
Ach! zwischen ihr und dir, Gott, welche Mit-
    ternächte!
Wie wenig war sie dein! wie kurz war, Freund,
    dein Glück!
Sie küßte dich, und floh, und sah nicht mehr
    zurück.
Die Arme, die so oft, so zärtlich dich gehalten,
Die sahst, die fühltest du am Sterbebett er-
    kalten;
Die Lippen, die so oft die deinen aufgefaßt,
Die Rosenlippen sind auf ewig dir erblaßt.

Ja, dein Schmerz ist gerecht, und heilig deine
  Klagen;
Du hast ein schweres Joch; Gott, welch ein
  Joch! zu tragen.
Ich weiß, was du verlohrst, ich fühle deine Pein,
In deine Thränen fließt mein Thränenstrom hinein.
Ein stiller Blick von dir durchdrang die zarte
  Brust,
Ihr Labsal war dein Aug, dein Lächeln ihre Lust.
Von Leidenschaft für dich, voll glühenden Be-
  strebens
Was du ihr warst zu seyn, die Freude deines
  Lebens,
Sah sie dir zärtlich nach, und hüpfte deinem
  Tritt;
Und, wo sie immer gieng, da gieng die Freude
  mit. — —
Ein lebenvolles Aug, und unschuldreiche Mienen,
Ein ofner, freier Sinn, bescheidne Bildsamkeit,
Das beste Herz, gemacht zu lieben und zu dienen,
Vom Stolze himmelrein, und himmelfern vom
  Neid,
Verschlossen Zank und Zorn, vergnüglich, sanft
  gesellig,
Von wahrer Großmuth voll, im Kleinen auch
  gefällig,
Verstand geziert mit Witz, Witz mit Gelindig-
  keit; —

Das war ihr Bild. — Dieß Bild — das
          solltest du betrachten,
Und nicht nach ihrem Arm, nach ihrem Auge
          schmachten?
So schnell entfernt von ihr, nicht ängstlich nach
          ihr sehn?
Nicht thränenvoll und stumm auf ihrem Grabe
          stehn?
Nein, Herzgeliebter, nein, laß Zähr' in Zähre
          fliessen!
Ich will dein Auge nicht, und nicht dein Herz
          verschliessen.
Hat unser Herr nicht selbst, der sanfte Men-
          schenfreund,
Bey seines Freundes Grab zu Gott empor ge-
          weint?
Brach ihm sein Herze nicht bey jener Wittwe
          Klagen,
Da vor ihr her ihr Sohn zu Grabe ward ge-
          tragen?
Drum stimm ich dir, mein Freund, ein war-
          mes Klaglied an,
Da ich, selbst tief verwundt, nur schwach dich
          trösten kann.
     Entsetzlich war der Tag, da sie gebähren
          sollte,
Da Schweiß von ihrer Stirn dem Tod ent-
          gegen rollte!

Dein Flehen hört' ich wohl, in jenem Klagesaal;
Mich drückte deine Last, mich quälte deine Quaal.
Da eilt' ich, mein Gebet mit deinem zu vereinen;
Doch Gott erhört' uns nicht, und ließ uns trostlos weinen.

Doch, nein, nicht trostlos ganz; Im allertiefsten Schmerz
Goß er erhabne Kraft und Gleichmuth in ihr Herz.
Nein, ich vergeß es nicht: Sie lächelte mit Seegen,
Mir selbst noch Muth und Kraft und Dank an Gott entgegen.
Nein, diese hohe Ruh, dies Heldenangesicht,
Den warmen Druck der Hand, nein, den vergeß ich nicht!
Noch manche Thräne will ich dieser Stunde weihen,
Der Hand, die sie gestärkt, in jeder Noth mich freuen.
Und diese Vaterhand — die hat sie dir entrissen;
Steh still und schau empor, und bete an und glaub,
Gott sieht, was wir nicht sehn, und weiß, was wir nicht wissen!
Er wohnet hoch im Licht, wir tief in Finsternissen;

Gott ist die Liebe — Freund, bet an! — und
       wir sind Staub.
Auch Sünder seegnet Gott, wie vielmehr seine
       Frommen!
Du weißt den Jammer nicht, der vielleicht bald
       wird kommen.
Von ihm wird mancher Christ vorm Unglück
       heimgenommen;
Und oft gefällt dem Herrn ein Herz, das uns
       gefällt;
Und reif ist mancher schon für eine höhre Welt,
Der, wär er länger hier, bey einer neuen Bürde,
Bey neuer Prüfung, leicht für Gott verwelken
       würde.
   Schenkt Gott uns Trübsal ein, so lehrt er
       uns Geduld;
Geduld macht uns bewährt, und sicher seiner
       Huld.
Geduld, o schöne Pflicht! o Quell erhabner
       Freuden!
Kann der auch seelig seyn, der niemals lernte
       leiden?
Geliebter, glaub es mir; Gott züchtigt, wen
       Er liebt,
Und seegnet höher nie, als wenn er tief betrübt.
Trau seiner Weisheit stets die Wahl des Aller-
       besten,
Trau seinem Herzen nichts als Vaterliebe zu!

Glaub mir, wen Gott betrübt, den wird er göttlich trösten!
Glaub, für dein wahres Glück sorgt er noch mehr als du!
Schau ihm ins Herz hinein! Noch hier wirst du es sehen,
Daß er uns niemals beugt, als um uns zu erhöhen;
Noch hier wirst du es sehn, daß seine Huld und Macht,
Als wärst nur du sein Kind, für deine Wohlfarth wacht.
Schau über dich, mein Freund, der Schöpfer aller Sterne
Ist jedem Wurme nah', und keinem Menschen ferne.
Sey stark, ermuntre dich, umfaß ihn froh im Geist!
O lern, was er dich lehrt! glaub, was er dir verheißt!
„Nicht lassen will ich dich! Nein, ich will dein gedenken!
„Der ich den Sohn geschenkt, sollt' ich nicht alles schenken?
„Mein Auge leitet dich! Geh, du sollst sicher gehn!
„Im Dunkeln will ich auch an deiner Seite stehn!

„Wer als ein Kind mich sucht, soll mich als Vater finden;
„Soll alle Leiden leicht, soll alles überwinden!
„Ich lege mehr nicht auf, als du ertragen magst!
„Ich höre, wenn du rufst, und helfe, wenn du klagst!
„Läßt Gottes Liebe sich mit Menschenliebe messen?
„Kann ihres Säuglings auch ein Mutterherz vergessen?
„Verstockt sein Weinen sehn, sein flehend Angesicht?
„Nein! — Doch, vergäß sie sein, vergäß ich deiner nicht!"
O glaub ein solcher Gott, verbirgt er auch vor uns sein Vaterangesicht,
Er sieht, er hört uns doch, hält doch was er verspricht.
Drum laß den Kummer nicht die Seele dir zernagen,
Daß deine Lust im Glück, den Trost in trüben Tagen,
Daß Gott aus deinem Schoos dein Herz dir weggetragen.
Zu deiner größern Freud erzög' er sie dir gern,
O, laß sie dankbar ihm; ist gleich die Schule fern.

O gönn ihr, daß sie itzt, entfernt vom Traum der Erde,
Mit Tugend nur genährt, mit Licht getränket werde.
Dem Himmel, nicht dem Tand, soll sie dein Kind erziehn.
Dem Netze wollt' es Gott, dem Pfeil der Lust entfernen;
Drum nahm er sie mit ihm in reinre Welten hin,
Dort Tugend ohne Sünd, ohn' Unfall gehn zu lernen.
Gott ist der Kinder Gott: „ihr ist das Himmelreich:"
Bey Engeln wird dein Kind, o Freund, den Engeln gleich.
Wenn dir nur Einen Blick sie beyde sichtbar wären,
O du vergiengst in Dank, und strömtest Freudenzähren.
Wer Gott von Herzen liebt, für dem ist keine Pein,
Für dem wird Leiden Lust, wird Tod nur Leben seyn.
Drum wirst du Gott zu traun in deiner Noth dich üben,
Ihm ganz dein Herze weihn, ihn über alles lieben;

Und würd er tiefer noch, wärs möglich, dich betrüben! —

Gedanke voller Trost! Es ist ein Herr der Welt,
Durch den der Freund vom Schoos, das Haar vom Haupte fällt.
Mit Vaterblicken schaut Gott auf uns Menschen nieder;
Was er aus Liebe giebt, nimmt er aus Liebe wieder.
Eh löscht der Sonnenball, eh weicht der Sterne Bahn,
Eh, was die Liebe schuf, die Liebe hassen kann.
Laß diesen Trost, mein Freund, in deine Seele strahlen!
Zerstreu mit seinem Licht die allzubangen Quaalen!
Des Lebens Strom rauscht fort; der kurze Strom der Zeit!
Sey männlich! Schau mit Muth tief in die Ewigkeit!
Dort rührt sie keine Quaal. Dort tönt kein Weh und Ach.
O, dahin jag ihr stets durch reine Tugend nach!
Die beste Weisheit ist, nur nach dem Himmel trachten,
Was nicht im Tode freut, nicht ewig ist, verachten.
Auch deine Stunde kömmt, auch du erblassest einst!
Und wir beweinen dich, wie du dein Weib beweinst.
Dein Engel maß dir schon den Ort in Gottes Garten,

Wo dich Verwesungen in tiefer Nacht erwarten!
Vielleicht ist schon der Baum zu jenem Sarg gefällt,
In dem den beinen dich der Tod zur Seite stellt,
Mit ihnen auszuruhn, mit ihnen zu erwachen; —
Was Gott unsterblich schuf, wird er nicht sterblich machen.
Es strahlt ein Tag herauf, ein Tag des Auferstehns!
Ein jubelvoller Tag, ein Tag des Wiedersehns!
Dann wirst du hoch mit ihr vom Staub empor dich schwingen!
Dann wird sie dir dein Kind verklärt entgegen bringen! —
Den ewig hellen Tag verdunkelt keine Nacht —
Mit ihnen wirst du dann ein ewig Loblied singen;
„Er, der uns schlägt und heilt, hat alles wohl gemacht!"

IV.
Die Freundschaft.
1768.

Ein Menschenherz, darf es sich zwingen,
Dich, Freundschaft, feurig dich zu singen?
Wer liebt dich, Liebenswerthe, nicht?
Drum schwillt die Seele zum Gesange;
Die Saite bebt zum sanften Klange,
Der lauter Zärtlichkeiten spricht.
Wen einst die hohe Lust durchdrungen,
Zu lieben, und geliebt zu seyn,
Dem schlägt das Herz, wirst du besungen,
Der singt in unser Lied hinein.

Wie freudeleer ist nicht ein Leben,
Wo wir nach nichts als Ehre streben,
Wo nichts als Reichthum uns entzückt;
Wo wir nur nach der Wollust schleichen,
Von unserm Ich kein Haarbreit weichen,
Wo uns kein fremdes Glück beglückt.
O trübe, sonnelose Tage!
Fluch=gleiches Glück, fehlt uns ein Freund,
Der's mit uns fühlt; und auch die Plage,
Die nach ihm folgt, mit uns beweint!

Ein Freund, der bey uns lernt und lehret,
Gern mit uns spricht, und gern uns höret,

Was wir verlachen, auch verlacht;
Der froh in unsre Arme eilet,
Sein frommes Leben mit uns theilet,
Und, wenn wir schlafen, für uns wacht.
Ein Freund, der unsre Seele kennet,
Wenn uns die Bosheit Unrecht thut,
Uns mehr noch, als sich selber gönnet,
Und niemals falsch wird, niemals ruht.

O Lust! für andrer Glück zu brennen,
Lust, die nur edle Seelen kennen,
Wie Thorheit Thoren nur verschmähn;
Für sich alleine nichts geniessen,
In andre Herzen sich ergiessen,
Die unserm Herzen offen stehn.
O Wollust! Seelen zu umfangen,
Die ganz in reiner Liebe glühn,
Was wir verlangen, nur verlangen,
Und, was wir fliehen, mit uns fliehn!

Wer nie beym stillen Mondeslichte
Genoß der Freundschaft süsse Früchte,
Nie an des Freundes treuer Hand
Geheime Leidenschaft ihm klagte;
Nie, wenn ihn tiefer Kummer nagte,
Mit ihm unsterblich sich empfand;
Wer keinem Freund in tiefem Leide
Die heißen Wangen abgekühlt,

Der hat der Menschheit schönste Freude,
Hat niemals Engelslust gefühlt.

O könntet ihr, ihr Freundschaftshelden,
Der wahren Treue Wollust melden,
Die thränenlos kein Böswicht sah!
O Damon, da du sterben solltest,
Den Freund, nicht dich, erretten wolltest,
Wie groß empfandest du dich da!
Wie war dir, als an deiner Seite
Dein Freund vor Dionysen trat?
Wie war dir, da er ihn befreyte,
Und euch um eure Herzen bat?

Wo seyd ihr, ihr der Menschen Beste?
Ihr **Pylades** und ihr **Oreste**?
Wer ist, der was ihr thatet, thut?
Sind dann der Freundschaft edle Freuden
Schön und genießbar nur für Heiden?
Und hat der Christ kein Menschenblut?
O hartes Herz, das **Aretheen**,
Das **Charixen**, und **Jonathan**
Für ihre Freunde glühen sehen,
Das sehen — und nicht weinen kann!

Ist Jesus, unser Herr und Lehrer,
Nicht auch der Freundschaft Bild und Ehrer?
Wer hat je zärtlicher geliebt?

Mit welchen menschlich schönen Schmerzen
Klagt er den Freund von seinem Herzen
An seinem Grabe! wie betrübt!
Wie zärtlich legt er Thomas Finger
In seine Hand? Mit welcher Lust
Drückt er nicht den geliebten Jünger
An seine Freundschaftvolle Brust!

Nein, keine große Seele lebte,
Die nicht nach edler Freundschaft strebte.
Nein! Wer nicht lieben kann, ist klein,
Muß, hätt' er sonst auch Engelsgaben,
Nein! — keine Menschenseele haben;
Muß jedes Lasters fähig seyn.
Nachtschwarze Leidenschaften wimmern
Gleich Ungeziefern um sein Haupt,
Von Größe leer, sucht er zu schimmern
Mit Strahlen, die er andern raubt.

O weh dem! Laßt uns ihn beweinen!
Wir finden auf der Erde keinen,
Der von dem Glück entfernter ist.
O mögtest du die Saiten hören,
Die dich den Werth der Freundschaft lehren,
Der du ihr Feind, ihr Spötter bist!
O strömt ihr süßen Harmonien
Der Freundschaft Feuer um euch her!
Macht kalte Menschenherzen glühen,
Sonst tönet, Saiten, tönt nicht mehr!

Liebt, Menschen, liebt mit reinem Herzen!
Liebt in dem Glück, und liebt in Schmerzen!
Groß ist das Glück der Freundschaft! groß!
Kein Lied, und keine Saitenspiele
Entflammen süßere Gefühle,
Als treue Freund' in treuem Schoos.
Verbannt die kriechenden Begierden!
Seyd Menschen! öfnet Herz und Geist
Der Wollust nicht, nicht Gold, nicht Würden;
Nein — einem Freund, der euch geneußt.

Beym sanften Feur der Freundschaftstriebe
Stirbt nie die Glut der Menschenliebe,
Nie für die Tugend das Gefühl.
Du kannst vielleicht dem Laster dienen,
Doch nicht mit ungezwungnen Mienen;
Dir ekelt bald beym öden Spiel.
Ist deine Brust der Freundschaft offen,
Kann jede Tugend aus und ein;
Und Engel dürfen stets noch hoffen
Sich deiner Buße bald zu freun.

Und, wenn euch, o ihr rohe Seelen,
Der Freundschaft süße Freuden fehlen,
Klagt niemand, als euch selber an!
Wen Ehrgeiz nagt, wen Habsucht quälet,
Wer andre forscht, und sich verhehlet,
Wen jede Warnung kränken kann,

Wird auch nach dem die Freundschaft fragen?
Nein! sie verhüllt ihr Angesicht.
O laßt euch, steife Herzen, sagen:
Wer nicht geliebt wird, liebet nicht.

Nur, wer von seiner frühen Jugend
Die Seele ziert mit jeder Tugend,
Und, was er selbst wünscht, jedem giebt,
Wer nie des andern Gut verlanget,
Nie stolz mit eignen Gaben pranget,
Und Feinde selbst, wie Brüder, liebt,
Der findet leicht in frohen Stunden
Ein Herz, das sein Glück mit ihm theilt,
Ein Herz, das auch die tiefsten Wunden,
Die niemand kennet, fühlt und heilt.

Zwar kann kein Freund die Wünsche stillen,
Die ewig unsre Seele füllen;
Kein Mensch, kein Engel sättigt sie.
Nur Du erfüllst sie, Quell des Lebens!
Ziel ihres ewigen Bestrebens!
Gott! Liebe! Dich erschöpft sie nie!
O, wenn sie einst wird Dich erblicken,
Wie unaussprechlich wird ihr seyn!
So kann kein Himmel sie entzücken;
So ganz, so ewig, Du allein!

V.
An den seeligen Gellert.
1770.

Gellert, himmlischer Geist; es weint bey
    deiner Gebeine
Staub Germania knieend, und gießt heißquil-
    lende Klagen
Ueber den Marmor herab, die Hülle des heili-
    gen Moders.
Aber tief an dem Grabe laß ich Germania jam-
    mern,
Fliessen Bäche von Thränen, und Klagelieder
    verhallen
An des Tempels Gewölben, der Hülle des hei-
    ligen Marmors,
Und in den Säälen, wo ehmal du sprachst von
    der Tugenden Schönheit, —
Nicht am Staube weil' ich, ach, nicht am Quelle
    der Thränen;
Nicht, wo du nicht mehr bist; nein hin, wo
    der ewge Geist lebt,
Eilt, so schnell sie vermag, mit Flügeln von
    Staube zu eilen,
Meine Seele dir nach; wohin du mit Flügeln
    von Licht flogst.

Himmlisch will ich dich sehn; ich will den Sterblichen nicht mehr,
Nicht im Thale der Nacht den müden schmachtenden Wandrer;
Nicht den Kämpfer mehr sehn; ich suche den Sieger, den Sieger,
Wie er steht im Triumph, wie schön in den Auen Siona;
Sehn ihn, wo Schmerzen nicht mehr, wo Oceane voll Lust sind,
Wo kein Schatten sich naht, und wo kein Klageton hinschallt;
Alles Gerechtigkeit athmet, und Wahrheit und ewige Liebe;
Welten, stäubender Staub, und Sonnen dunkler als Nacht sind;
Da will ich, strahlen auf ihn die Geistersonne, Dich, Gott, sehn;
Strömen das ewige Leben aus dem, der Gott ist und Mensch ward,
Schlief im Staube des Todes, Unsterblichkeit bracht' aus der Grabnacht;
Will bey Gottes Propheten Entzückung ganz ihn und Dank sehn:
Dank, wie kein Sterblicher ist, bey Gottes Erbarmungenfülle,
Wenn vom Golgatha Blut vor seinen Augen herabströmt,

Und die Seele verschlingt; Entzückung, wie Abra-
    ham einst war,
Als er sahe den Tag des Mehschensohnes, und
    um ihn
Himmel und Erde nicht mehr, nur dich erblick-
    te, Meßias! —
Ja! ich seh ihn, ich seh ihn, den Sohn des
    Lichtes! er ist es!
Unter tausend mal tausend erkenn' ich die dul-
    dende Sanftmuth.
Wie sie spricht aus dem himmlischen Aug die
    hohe Empfindung!
Und die Salbung des Geistes, wie sie vom Ant-
    litz herabträuft!
Wie von der Sonne der Tag, von der Mor-
    genröthe die Wonne
Irrd'scher Anbetung träuft ins Herz des erwa-
    chenden Weisen!
Welche Fülle des Friedes in neu aufblühenden
    Zügen!
Welcher Stolz des Triumphes, und welche De-
    muth im Stolze!
Ueber ihn freut sich der Himmel! Der Liebe
    jauchzende Stimmen
Tönen in sein unsterbliches Ohr, und singen die
    Thaten,
Die er im Thale der Nacht dem Tage der Ewig-
    keit säte!

Lange schon sahe der Himmel der Tugenden
    Menge! Sie blühten
Lang schon im Lichte des Throns; die rufende
    That, wie die leise
Unerforschliche Zähre, geweint in der Mitter-
    nachtstille!
  „Sey gegrüßt, unsterblicher Sohn der Sterb-
    lichkeit! Siehe
Deiner Tugenden Früchte sind wie des Himmels
    Bewohner,
Sind wie Gottes Gedanken unzählbar, sind
    ewig, wie Gott ist!
Einen Augenblick nur, o **Gellert**, lenke den
    Blick itzt
Auf die Erde zurück, und höre die stärkenden
    Lieder,
Die du sangest dort einst, die mit dir tausende
    sangen,
Tönen sanftfliessend in allen Gränzen Germa-
    niens! Siehe
Tröpfeln erheiternde Thränen, (erhabner Tu-
    genden Quellen)
Bey dem Gesange der Lieder! Sie wird der En-
    kel noch singen,
Wenn er früh schon erwacht! Sie wird des spät-
    sten Jahrhunderts
Jüngling lernen! Ihn werden nicht treffen die
    Pfeile der Wollust,

„Ruft aus deinem Liede die Wahrheit und lachet
    die Unschuld,
Wie du sie maltest, ihn an. Er wird von der
    Reizungen stärksten
Schnell wegwenden den Blick, wird kämpfen,
    als säh' er die Bahre,
Und das Kleinod des Glaubens, der Sieger
    Krone, das Vorbild
Jeder Tugenden, Jesus! und siegen wird er!
    wir werden
Siegen ihn sehen, du mit uns; ihn kommen
    sehen, mit Schweiße
Des Triumphes bedeckt. Er wandelt mit mu-
    thigen Schritten
Durch die himmlische Schaar, sieht um sich,
    suchet und findet
Gellert zuerst, und ruft und jauchzt: Heil sey
    dir! denn du hast
Mir gerettet das Leben, die ewige Seele ge-
    rettet!
Dank und ewiges Heil dir! — So werden, o
    Bruder, nun täglich
Von der Erde herauf zu dir sich Gerettete sam-
    meln.
Von der glänzenden Stirn der Heiligen zielet
    der Lichtstral
Gottes tief in dein Herz, und tränket dich ewig
    mit neuer

„Unausdenklicher Wonne. — Von Sterbebett
   siegender Christen,
Hören wir deine Gesänge. Die Sänger schmachten dem Tode
Heisser entgegen, um Gellert zu sehn, und
   ewig mit dir dann
Anzubeten das Lamm. Verachten noch tiefer der Erde
Fliehende Schatten, ergreifen noch fester das
   ewige Leben,
Singen und giessen Ströme von Muth auf die
   jammernden Waisen,
Und den klagenden Freund, und die müde schluch-
   zende Gattin.
O wie sie rührt die Sprache des Liedes im red-
   lichen Munde
Der entfliehenden Mutter und Freundinn! o wie
   sie wünschen
Dank dir auch nur zu stammeln, für jede Zeile
   des Liedes!
Wende den Blick noch nicht weg! — Noch
   weint die getröstete Armuth
Ueber dich Fülle der Freuden herauf aus dem
   Jammer des Staubes!
Und wer leiden dich sah, der athmet der Unge-
   duld Zähre
Wieder zurück: So hätte nicht Gellert geweint!
   Und, wer hörte

„Von der Tugend Zeugniß dich geben, wer sahe dein Beyspiel,
Eilt zur Ausübung fort, und schreckt den Gedanken der Trägheit
Und der Eitelkeit Reizungen weg: „So lehrte nicht Gellert!
„Nein, das gelobt' ich ihm nicht, da ich im stillen Gedränge
„Lernensbegieriger Hörer nicht ihn, dich Wahrheit und Tugend,
„Vor mir erblickte, da sie mein Herze mir schmelzten! Was damals
„Göttlich fühlte die Seele, das bleibt in der Stunde der Reizung
„Minder nicht göttlich und wahr! wie würde der Himmlische trauern,
„Säh' er mich wandeln den Weg des Verderbens! ich will ihn nicht wandeln!" —
Sind die Erstlinge heilig, die noch in der Sterblichkeit Nacht stehn;
O wie werden einst seyn die Früchte der ewigen Erndte!"

Also hört' ich die Himmlischen singen. Nur so viel verstand ich;
Mehr, was kein Ohr nie vernahm, was nie verstehen der Staub wird,

Sangen in Kreißen um ihn Jehovahs ewige
Sänger!
Und er neigte sich tief; ihm quollen anbetende
Thränen,
Thränen von Licht, die Wangen herab; und un=
sterbliche Blumen
Blühten eilend empor, da, wo sie troffen die
Thränen!
Und er rang die Hände zu Gott! Es betet die
Demuth
Unaussprechlich ihn an, der ewig Alles in
allen
Himmeln und Erden wirkt, was gut und der
Ewigkeit werth ist.

Poesieen
von
Felix Nüscheler.

Vorerinnerung.

Ich freue mich, einen ganz neuen Dichter bekannter machen zu können, dessen Namen nur wenige in der neuen Auflage der Schweizerlieder werden bemerkt haben. Er ist ein würdiger Freund des Herrn Lavater, und sein Nebenbuhler in dieser Dichtungsart. Unter den moralischen Gedichten werden sich meine Leser wohl größtentheils für die Ode auf den Kummer, die wenigsten aber für die Hymne an Gott erklären.

I.
Die Belagerung von Solothurn.

Schön ist der Krieg fürs Vaterland,
 Gerechtigkeit! für dich!
Der Feind gefällt, der drohend stand,
 Und der errungne Sieg!

Dir siegbekrönter Held! erhebt
 Das Herz der Greise Dank,
Der Gattinn Kuß, die nicht mehr bebt,
 Der Jungfrau Lobgesang!

Dich preißt der Vater seinem Sohn,
   Der Enkel hört dein Lob,
Des Jünglings Brust entzückt dein Lohn,
   Ein Lied, das dich erhob.

Doch größer, als der Held im Sturm,
   Bist du mir, Schweizer du!
Der Feinde rettet, Solothurn!
   Du sahst dem Helden zu!

Der Wasserstrom, der stritt für dich,
   Riß Oestreichs Brücke fort;
Schwemmt seine Krieger fort mit sich
   Und bracht sie an dein Bord.

Vergessend allen alten Groll
   Läufst du mit deinem Speer,
Beutst ihn dem Feinde großmuthvoll,
   Er lebt! kennt dich nicht mehr.

Du wärmst und pflegst den Kranken, giebst,
   Was er bedarf ihm gern,
Gesund, gestärket und erfrischt
   Schickst du ihn seinem Herrn.

„Wer riß mich aus der wilden Flut,
   „Dem nahen grausen Tod,
„Geseegnet sey der, so es thut,
   „Ihn seegne, seegne Gott!

So sagt, der sich gerettet sieht,
  Der Feind, und glaubt es nicht;
„Du Schweizer bists, der mir verzeiht,
  „Erweißt mir Freundespflicht!

„Beschämt und freudig sah' ichs wohl,
  „Du siegst den schönsten Sieg!
„Dein Herz von hoher Liebe voll,
  „Gewinnt, besiegt schnell mich!

Mit großer Helden Thaten prahlt',
  Einst Griechenland und Rom.
Helvetia! weit schöner strahlt,
  Die That am Aarnstrom.

Verrätherische That verschmähn,
  Dem Feind Gerechtigkeit
Erzeigen, schonen, das ist schön,
  Ist eble Menschlichkeit.

Dem Freund im Unglück schnell beistehn,
  Das ist erhabner Ruhm,
Doch Feinde retten, eh sie flehn,
  Ist mehr, ist Christenthum!

II.
Trinklied für Schweizer.

Wenn Trinker freudenvoll Gefühl
   Beym bechervollen Tisch
Jetzt faßt, und von der frohen Brust
   Ein Lied gewaltig tönt;

Wen singt dann wohl ein Schweizermann?
   Singt er wie Sklaven, Er?
Nein, Freyheit ruft dann laut sein Lied,
   Dich Mutter seines Glücks!

Den Stolz und der Tyrannen Fall,
   Der Knechtschaft Joch zermürscht;
Die Freyheit, die zu großer That
   Des Helden Brust entflammt.

Dich singt er Tell! du gabst sie uns,
   Sanft ruhe dein Gebein!
Der Enkel, der dich Held vergißt,
   Geh hin und werd ein Sklav.

Hör Jüngling, von dem Erdenglück
   Ist sie das beste Gut!
Hör Mädgen, sie giebt sichern Schutz
   Vor schnöder Frevelthat!

Wollt ihr sie nie verlieren, thut
  Was brav und löblich ist,
Seyd sparsam, und dem Laster feind,
  So bleibt ihr ewig frey.

Wir singen nun euch tapfre Drey,
  Ihr schwüret Hand in Hand
Den Bund, wir seegnen froh euch nach,
  Und stossen Glas an Glas.

Der Wassertrinker sey nicht stolz!
  Wir trinken, saufen nicht;
Die Freundschaft und der Helden Lob
  Verschönern unsre Lust.

III.
Ueber die politische Genügsamkeit der Schweizer.

Nè deve minor Lade esper à nui
Il conservar la Libertade antica,
Ch'a gli altri l' occupar gli stati altrui,
E la Fede ingannar di gente amica.
                               TASSONI.

Zu schützen deiner Freyheit Rechte,
  Die deiner Väter Muth erfocht,
Gebrauche Schweizer deine Rechte,
  So stolz des Königs Sklave pocht.

Laß Monarchieen sich verbreiten
  Vom Meere bis zum Meere hin,
Und neue Staaten sich erbeuten,
  Den Pracht hoch steigen, hoch Gewinn!

Die deiner Wohlfarth Stützen sind,
  Die Einfalt, die Gerechtigkeit,
Bleib diesen treu, dir droht kein Feind
  Bey Tugend und Genügsamkeit.

Geh Sklav' und kämpf, erobre, siege,
  Verstärke deines Herrschers Macht;
Was sind die Früchte deiner Siege?
  Hast du dich frey damit gemacht?

Dich wird der Arm nur schwerer drücken,
    Den das bezwungne Volk verstärkt,
Lern willig dich zum Joche schicken,
    Du wirst, was es ist, unvermerkt.

Der Menschheit Recht im Menschen ehren,
    Bedrückten freudig beizustehn,
Dein eignes Glück, des Nachbars mehren,
    Ist patriotisch und ist schön.

Durch Weisheit ganz beschämte Feinde,
    Die nie was schwaches an dir sehn,
Durch Wohlthun dir erworbne Freunde,
    Die müssen deinen Ruhm erhöhn!

Dir soll dann alles Glück begegnen,
    Was tapfrer Stifter Brust gedacht!
Dich müssen einst die Enkel seegnen,
    Die deine Weisheit glücklich macht!

IV.
Der Kummer.

— — — — — *Si tempore longo*
Leniri poterit Luctus, tu sperne morari,
Qui sapiet sibi tempus erit. — —
        GROTIVS.

Kummer, der nur allein mit dem Vergangenen,
Nicht mit kommender Zeit ganz sich beschäftiget,
Der Unmöglichkeit sich, nur ein verschwundnes
    Bild
 Hat zum feurigsten Wunsch erwählt!

Dich, dich fühlet ein Freund, welcher dem
    rufenden
Und dem liebenden Freund, ganz sich entgegen
    gießt,
Seine Freuden sind ihm alle zugleich entflohn,
 Dann er theilt sie nicht mit dem Freund.

Dich fühlt weinend, der sah seinen geliebtesten,
Seinen einzigen Sohn sterben in seinem Arm,
Treuen Unterrichts Frucht, künftiger Tugend
    Glanz,
 Jeder Seeligkeit Bild verweht!

Tiefer, schau'rvoller Gram, schwellet des Jünglings Brust,
Der zum einsamen Grab seiner Geliebten eilt,
Tief verhüllt in sein Leid, keinem Trost offen steht,
 Thränen, Linderung seyd ihr ihm!

Bald umfaßt ihn der Schmerz wieder, und ganz aufs neu
Sieht er Elend um sich, Dunkelheit rings umher,
Er erlieget der Last, und der verschloßne Schmerz
 Härmt sein trauriges Leben ab.

Du, erfindsamer Gram! schufst den Gedanken in
Artemisia's Brust, daß sie in düsterer Pracht
Einst ein Grabmal erbaut, das den erstaunenden
 Enkeln Thränen ins Auge lockt.

Fließt nur Thränen, ihr seyd Zeugen empfindlicher
Edler Seelen, ihr ziert selber die Menschlichkeit!
Fühlen Menschen es nicht, wenn der Verhängniß Schlag
 Ihre Brüdergeschöpfe trift;

O so sind sie nicht werth, daß sie der Name schmückt,
Der so heilige Recht' in ihrer Brust aufweckt!
Und des schöpfenden Schluß wird von dem frech verhöhnt,
 Wer sich weigert, ihn zu verstehn.

G

Gram, der grenzenlos ist, Jammer der es verkennt,
Daß, der ewig ist, hilft, daß er die Menschen liebt,
Daß sein weiser Rath schon unserer Leiden Zahl
   Nach den Kräften gewogen hat;

Der die Seele umwölkt, der ihr den Trost versagt,
Und die Dunkelheit liebt, willig den Kummer nähret,
Ist die höhre Vernunft, ist den unsterblichen
   Geist beschimpfend und tadelnswerth.

Reiß dich vielmehr beherzt frey von den Banden, die
Dich an irrdische Last fesseln, und sey du gern
Was der will der dich schuf, lauf die bestimmte Bahn
   Die der Weise dir vorgelegt!

Handle, folge schnell dem, der dich zur Tugend ruft,
Thue die Pflichten mit Lust, die dich zum glücklichen
Zum erhabneren und würdigern Gegenstand,
   Gottes Seegnungen zu empfahn,

Weihen. Lindert die Zeit, selber den schärfsten Schmerz,
Eile, säume dich nicht, lern ihr die Weisheit ab,
Sey du selbst dir die Zeit, *) schlage du Gaben aus,
   Die ein großes Herz selbst sich giebt.

---

*) M. Cato ait; quod tibi deest, a te ipso mutuare.
SENECA de Benefic. v. 7.

V.
Die Standhaftigkeit.

Soll finstre Traurigkeit der Seele Friede ströhren,
  Da eines Gottes Hand der Welten Steur regiert?
Soll sie nicht folgsam da der Weisheit Stimme hören?
  Wenn Gott der Prüfung ruft und sie in Leiden führt.
Gleichwie ein Sommertag mit schwüler Hitz beschweret,
  Von Sturm und Feuerglut umringt von hinnen scheidt,
Und ihn, wenn sich die Wuth nun einmal ausgeleeret,
  Bald eine kühle Nacht in sanftre Schatten kleidt:
Des Morgens Heiterkeit verjagt des Abends Sorgen,
  So wie die Morgensonn die Dunkelheit vertreibt;
So wird gewiß Gott auch die Wolken deiner Sorgen
  Vertreiben, wenn dein Herz an ihm getreu verbleibt.

Wirst du den Kämpfer wohl, der dann erzittert,
loben,
Wenn die Trompete ruft, der Kampfplatz
offen steht?
Nein! Tugend wird nur dann nach Würdigkeit
erhoben,
Wenn sie geprüfet wird und in der Prob be=
steht.

Hast du schon den Entschluß, schon das Gelübd
vergessen,
Das erst dein Herz, Gott sahs, der Tugend
angelobt;
Da es mit weisem Ernst der Dinge Werth er=
messen,
Itzt da Versuchung winkt, der Sturm von
ferne tobt?

Kannst du der Dinge Lauf, den Stürmen nicht
gebieten,
So lenke die Begier, den Sturm in deiner
Brust,
Um dich sey Dunkelheit und grause Wetter wüthen,
Im Innern sey nur Fried und immer heitre
Lust.

VI.

Hymne an Gott.

Diese weiten Gefilde, so reich an Seegen und
          Schönheit,
Diese so prächtig und göttlich erbauten Ge-
          wölbe des Himmels
Sind dir, anbetende Seele! ein Tempel, dar-
          innen die Gottheit
Ungesehen zwar wohnt; doch sieht sie jeden Ge-
          danken,
Jeden entstehenden Wunsch: dein Herz liegt völ-
          lig enthüllet
Vor dem sehenden Blick. — Erzittere ja nicht
          o Seele;
Gott ist ja dein Schöpfer, und, großer Gedanke!
          dein Vater,
Gnade und Langmuth, Erbarmen und duldende
          Liebe sein Wesen!
Gott ists, der eh Sonnen sich wälzten, eh
          Welten dem Unding
Sich entschwangen, im großen Entwurf zu-
          künftiger Dinge
Liebevoll an dich dachte, dir deine Stelle bestimmte.
Jauchze unsterbliche Seele, mein ganzes Wesen
          frohlocke!

Da schon dacht' er an dich.   Die Tage des irrdischen Lebens
Waren schon alle gezählt; dein Schicksal, das
   jeden bezeichnet,
Haben Güte und Weisheit gewählt, nichts irren
   dem Zufall
Ueberlassen. — Die Bahnen flammender Son-
   nen, der Welten
Unüberzählbare Heere, im Unermeßlichen schwim-
   mend,
Haben nicht größern Antheil an seiner Vorsorg
   als du hast,
Niedrer Bewohner des Staubs. — Du präch-
   tiger Vorhof des Himmels,
Große Stadt des ewigen Königs! der Cheru-
   bim Schaaren
Und der Seraphim, Geister an Licht und Tu-
   gend erhaben,
Herrscher der Welten Gottes! vernehmts ein
   Sterblicher jauchzet.
Gott hat an ihn gedacht.   Nicht dacht er euch
   nur, so groß auch
Euere Würde und Rang in der Schöpfung seyn
   mag, ihr seyd doch
Vor dem Erhabenen nichts: Ein Stäubgen, das
   bleibt in der Waagschal.
Und mich unendlich entfernten an Würde, hat
   dennoch der Schöpfer

Gnädig bedacht. Auch itzt umfaßt sein Gedanke mein Wesen,
Itzt da Ehrfurcht und Liebe und Dank die staunende Seele
Mir erfüllen. Ja hör es mein Schöpfer; mein zitterndes Herz sagts,
Ich bin dein! Dir sey mein alles geweihet! Nichts trenne
Jemals mich schwachen von dir: dir gänzlich zu leben, dich lieben
Sey mein feurigster Wunsch: Mein Glück; die erste Bestimmung
Meiner Thaten. Was ist in dem Himmel, was ist wohl auf Erden
Wünschbares mehr, wenn ich dich Quelle der Seeligkeit habe?
Dich, o Vater zu lieben, und deine Huld zu verdienen,
Läß die irrdischen Tage, und Ewigkeiten der Zukunft
Ganz seyn geweiht! O stille, und o entzückende Freuden,
Die sich in mir ausbreiten! Ich sehe den Vater in allem,
In dem verheerenden Sturm, wie in dem Säuseln des Zephyrs.
Dich verkündet dies Blatt, wie jene schimmernden Welten.

Unter den Veilgen im Thal, wie in gewaltiger
	Ströme
Rauschen höre ich dich: dich seh' ich in allem,
	und dich nur
Lieb' ich allein, und ohne dich wäre mir Leben
	und Schönheit
Schimmernde Pracht und Hoheit, Tod nur
	Verwüstung und Elend,
Jedes Vergnügen und jede Lust ein quälender
	Schmerz nur.
Aber nun bin ich heiter; denn Gott ist, Gott
	kennt mich und liebt mich,
Und ich darf ihn auch lieben und liebend mich
	in ihm verlieren.
Zitternde Freude und hoffende Ehrfurcht sollen
	dann stets dich,
Hohe und liebevolle, dich segnende Allmacht
	verehren,
Wie es am Staube der Geist kann! Umbildende
	Klarheit der Zukunft,
Durch dich wird einst mein Flug sich mit neuen
	Kräften erheben!

Zwey Gedichte
von
Schmidt.

Der Name von dem Verfasser nachstehender zwey Gedichte: Schmidt, wird meinen Lesern sogleich interessant werden, wenn ich ihnen sage, daß dieses der Freund von Klopstock sey, den sie aus Klopstocks Oden kennen. Dies ist genug gesagt, um ihn von allen möglichen Schmidten zu unterscheiden. Allein auch die Gedichte selbst unterscheiden ihn von einer großen Menge ähnlicher Dichter. Zwar sind sie nicht von der Gattung, wie man vielleicht von einem Freunde Klopstocks erwartet hat, aber die Erfindung, die reizenden Bilder, die Anordnung derselben, die Empfindung, welche darinnen herrschen, sind hinreichende Beweise, wie würdig der Dichter einer solchen Freundschaft sey. Ich habe diese große Seltenheiten der Gütigkeit des Herrn Prof. Müscheler zu verdanken.

I.
Apotheose des Anakreon.

So trat Anakreon in die Versammlung
Der Götter alle, die auf ihn gewartet,
Als ihm der Maja Sohn auf ihr Geheiß
Sein grau, mit Epheu durchgeflochtnes Haar,
An dem sein Leben hieng, sanft abgesondert,
Und ihm zum Vorschmack der Unsterblichkeit
Im Tode noch voll Nektar eine Traube
Zu kosten gab. — Von dieser heilgen Traube
Hat in der Nachwelt drauf ein Scholiast
Geträumt, o Dummheit! o Entheiligung!
Daß sie den Tejischen Apoll erwürgt. —
Er trat daher, dem vollen Morgenglanze
Der ersten Jugend wieder hergestellt;
Sein glattes Kinn umkränzte junges Milchhaar,
Und auf den Wangen blühten jüngre Rosen.
Ein geistger Duft von altem Chierwein
Stieg wolkenartig um sein Haupt empor.
Um seine Schultern hieng ein voller Köcher
Von harmonieenreichen Pfeilen voll,
Mit Fittigen auf seinen Wink bereit,
Die Lüfte mit Entzücken durchzusäuseln.
— Sie klangen alle, wenn ihr Vater gieng. —
Sein Liebling, seine kleine weiße Taube
Schwebt unter ihm mit aufgehabnen Flügeln,

Und dehnte hoch den Hals und sah sich um,
Erstaunt vom Pomp und andern Wunderdingen
Der Götter Wohnungen, die sie nicht kannte.
Entzückt sah sie den jungen blonden Phöbus,
Der ihrem Herren glich, und glaubt er sey es.
Schnell flog sie zu ihm hin, ihn liebzukosen.
Doch in dem Fliegen sah sie den Vulkan,
Und, ungewohnt des mürrischen Gesichts,
Erschrack sie vor dem langen Bart des Alten,
Und seiner riesenmäßigen Gestalt:
Und wie Astyanax sich vor dem Vater
Und seinem blutgen Speer und finstrer Rüstung
Erschrocken in der Mutter Schooß verbarg;
Flog sie zurück in ihres Herren Busen,
Voll Furcht und Zittern, und verkroch sich da.

So kam Anakreon: sein ganz Gefolge
Und seines ganzen Einzugs Pracht war Er.
Er trat in die Versammlung, ins Getöne
Der Jauchzer, die ihm rings entgegen kamen.
Die Götter stiegen vor ihm auf und liessen
Ihr festliches Banket halb unvollendet.
Des Nektars Weingeruch ergrif ihn schnell,
Und voll von Taumel und voll Raserey
Sang Tejos Dichter — Der Olymp erschallte
Θελω, θελω μανηναι.
Die Götter horchten hoch, denn die Begeisterung
Und ihres Nektars mächtiges Gefühl

Kam unter sie, und faßte sie allmächtig
Erschütternd, umsonst arbeitete
Die volle Brust, der Bürde los zu werden,
Die ganze Schaar sang — der Olymp erschallte
Θέλω, θέλω μανῆναι.

Ein junger Chor unsterblich blühnder Mädchen,
Die all' Anakreon auf Erden liebte,
Von Paphos tausend, hundert von Athen,
Von Lesbos achtzig, ohne Zahl aus Gnid,
Durchscherzten seitwärts des Olympus Auen,
Und wanden sich in labyrintsche Tänze;
Cytheren alle gleich, Göttinnen alle.
— Sie hatte Majens Sohn zu seiner Ankunft
Aus Elysium hin zu ihm gerufen. —
Da sie der Dichter sah, zerfloß sein Herz
In Lieb' und Seeligkeit, und er fieng an
Ein Gott zu seyn.

- Noch einer kam, ein kleiner junger Knabe,
Der Mädchen und der Erden zwote Hofnung,
Wie Amor zart, schön wie ein Sohn der Hebe,
Und trüg er Pfeil und Bogen, wär er Amor;
Und Evan, trüg er einen Kranz von Epheu.
Zwar war der Knab' ein Sterblicher zu seyn
Bestimmt, doch trug er itzt des Körpers Hülle
Noch nicht, der Erde noch nicht hin gesendet.
Mit Lächeln und mit halb gelalltem Jauchzen

Sprang zum Anakreon der Knabe her,
Und faßt ihn bey dem Knie und stand und hielt ihn
Und hob sein Antlitz auf und sang ein Trinklied.

„Willkommen, sprach der Vater süsser Lieder,
„Sey mir geseegnet Sohn, was ich gewesen
„Wirst du einst seyn, o sey, sey mehr als ich!
„Blick um dich Sohn, kannst du die Mädchen
zählen,
„Die ich geliebt? kannst du die Becher zählen,
„Die ich getrunken? so wird einst die Nach-
welt
„Die Mädchen die du lieben wirst, die Becher
„Die du einst leeren wirst, nicht zählen können.

Da er das sprach, ertönte sympathetisch
Sein Köcher und ein süsses Lied voll Liebe;
Zevs winkte mit dem Haupt, da zitterten
Die Säle des Bankets und Tisch und Becher,
Und eilend stieg ein mystisches Gewölk
Vom süßen Wein und Rosen ausgeduftet
Auf beyder Haupt, des Dichters und des Kna-
ben,
Herab, und nahm sie beyd' in seinen Schooß,
Dich o Anakreon und dich o Gleim!

II.
Die Ueberzeugung.

Umarmt mich jugendliche Weisen,
   Heut dieser Tag soll unser seyn,
Heut soll mein Lied die Weisheit preisen,
   Sanft soll es rauschen wie der Wein.
Fern von der Thoren toll Geschwätze
   Horcht nur das Ohr des Freunds auf mich;
Dies Freunde sey euch ein Gesetze
   Nur jauchzend unterbrechet mich!
Chor.
Freund schildr' uns die Weisheit bequemlich und
               leicht,
Wir horchen und jauchzen schon halb überzeugt.
Wir fühlens ein Dichter, der küsset und zecht,
Der Dichter der Weisheit hat allezeit recht.

Homer war stets wie ich betrunken,
   Wenn er von seiner Pallas sang.
Zevs, sang er, war in Schlaf gesunken,
   Als sie aus seinem Haupte sprang;
Mit blauen Augen gleich Citheren,
   Voll Feuer und so jung wie wir,
Fieng sie die Götter an zu lehren,
   Und alle Götter glaubten ihr.
Chor.
Die Weisheit lehrt Pallas bequemlich und leicht,
Drum hat sie die Götter so leicht überzeugt,

Wenn Pallas das Küssen und Scherzen erlaubt,
So war der ein Thor, der Pallas nicht glaubt.

Die Weisheit die an Pallas Stelle
   Der Stoiker Gehirn erfand,
War alt wie Chapelains Pucelle
   Und fürchterlich wie ein Pedant.
Doch wenn umkränzt mit freyen Locken
   Jung und voll Reiz die Weisheit spricht,
Wer will wohl da sein Herz verstocken,
   Wer liebt wohl da die Weisheit nicht?
        Chor.
Die Weisheit ist reizend bequemlich und leicht,
Und wir sind, so bald sie nur spricht, überzeugt,
Ein Mädchen wie sie, das uns lächelnd gebeut,
Entzückt uns, ihr sind wir zu folgen bereit.

Wenn Plato nur aus Schulbeweisen
   Der Seelen Wanderung erzwingt,
Vielleicht in ein Geschöpf zu reisen,
   Das niemals küßt und niemals trinkt,
Da lach' ich bey den magern Schlüssen;
   Doch singt er, wie sein trunkner Geist
Sich ihm zum Mädchen hin entrissen,
   Dann glaub' ich, daß er gut beweißt.
        Chor.
Die Wanderung der Seelen ist deutlich und leicht,
Und Platons Beweiß hat uns gleich überzeugt.
O Wollust des Geists, wenn von Küssen entführt
Er trunken sich losreißt und taumelnd verliert!

Ode
an die menschliche Seele.
von J. J. Engel.

Du, die von allen irrdischen Naturen
  In sich zurück mit heilgem Schauer blickt:
Dir hat der Finger Gottes seiner Hoheit Spuren
  Allgütig eingedrückt.

Er sieht auf seines Himmels goldnen Thronen
  Den Seraph nicht, der an die Gottheit reicht:
Und du kein Wesen in der Sinne Regionen,
  Das dir, o Seele! gleicht.

Kein Leviathan schwärmt in allen Meeren,
  Kein Löw in Lybien, der Gott erkennt;
Kein Felsgebohrner Adler mißt die Bahn der
                Sphären
  Am blauen Firmament,

Wo nie dein Tiefsinn ein Gefühl von Wonne
  In aller Sterne Harmonie vernimmt;
Wo ungeadelt von Empfindung, jede Sonne
  In todter Schönheit schwimmt.

Einst steigt im Wetter, rings mit Nacht umgeben,
    Ihr Schöpfer nieder; und das Meer des Lichts
Verdampft vor seinen Blitzen, und die Welten beben
    Zurück ins erste Nichts.

Denn tausend Welten zieht der Gott der Götter
    Die ihm verwandte beßre Seele vor.
Sie fährt gen Himmel, auf dem letzten Donnerwetter,
    In Glanz gehüllt, empor,

Und siehet — Wären nicht vom Neid die Chöre
    Der Engel frey; so stürzten noch einmal,
Rebellisch gegen ihren König, ganze Heere
    Ins Flammenreich der Quaal —

Und siehet, ewigherrschend an des Vaters Rechte,
    Von seiner Glorie umstrahlt, den Sohn;
Sieht eines Menschen Seele — Kniet hin, ihr Mächte! —
    Hoch auf der Gottheit Thron.

An Melpomenen
auf eine falsche Nachricht, daß Herr Weiße von Ihr Abschied genommen.
von Mastalier.
Gesungen im Jahre 1768.

(Der Dichter sang zugleich die Empfindungen von Deutschland und seine eignen, denn er besang seinen Freund.)

Zu welchem Volke reißt dich deine Singbegierde
   Du wandelbare Göttinn hin?
Erst warst du noch der Deutschen Bühne Zierde,
   Und Leukons Lehrerinn.

Gefällt dir denn nicht mehr die männlich edle Thräne,
   Die aus der Helden Auge schleicht?
Nicht Herrmanns nervigt Volk, nicht Teutons Söhne
   Von deinem Spiel erweicht?

Dieß konnte Mavors nie mit allen Todeszeichen,
   Augustens Adler konntens nicht.
Der deutsche Sieger stand auf römschen Leichen
   Mit lachendem Gesicht.

Ists schöner, Galliens biegsame Herzen rüh-
    ren,
  Als eine deutsche Löwenbrust?
Doch lebt der Vater Cäsars und Alziren;
  Und Deutschlands Ruhm und Lust —

Und Kronegk, Schlegel, Braw' entschwanden
    unsern Bühnen,
  Eh noch bedaurt, als ganz gekannt!
Was hilfts, daß um ihr Grab jetzt Lorbeern
    grünen?
  Sie mißt das Vaterland!

Auch Leukon hat sich nun von dir hinwegge-
    schlichen;
  Und du, du liessest es geschehn!
Warum gabst du ihm den Kothurn der Grie-
    chen,
  Und er uns Julien?

Wie? wenn es Scheelsucht wär', daß deiner
    Schwestern eine
  Ihn des Tyrtäus Ton gelehrt?
Und daß er neben dir im Myrthenhaine
  Auch Eraton verehrt?

Laß andre Musen doch von Scherz und Liebe
singen;
Ihr Lied ist flatternd, wie ihr Scherz.
Sey stolz, nur du kannst durch die Seele drin-
gen,
Dein Sieg ist unser Herz.

Zwar horcht er Craton, und will nur dir nicht
fröhnen,
So straf Ihn — zitternd bitt ich dich,
Er ist mein Freund — Doch, Deutschland zu
versöhnen,
Erhör, o Muse, mich!

Erfüll ihm seine Brust mit allen Seelenquaalen,
Die auf der Bühne Wunder thun.
Es muß ihm überall sich Schrecken malen,
Sein Geist soll eh nicht ruhn;

Bis er uns sein Gefühl im tragisch hohen Stile
Erzählt, mit glühnder Phantasie.
Dann opfern wir dir Bodmers Trauerspiele,
Und Thränen dem Genie!

Ode
auf Dauns Tod.
von demselben.

Wie? welch Geräusch belebt mein Saiten-
    spiel,
  Das an der Mauer schwieg?
Dies ist, o Held, der Nachhall deines Ruhms,
  Der mir darein getönt,
Als er vorbey gerauscht. — Du starbst, vom
    Feind
  Gefürchtet und gerühmt,
Und dankbar von Theresien beweint! —

  Nun kömmt nicht mehr von dir,
Mit Staub und Blut gefärbt, ein Sie-
    gesbot,
  Bey dessen Anblick schon
Der Schmerz, der auf des Bürgers Auge
    stund,
  In Freude sanft zerfloß!
Nun macht nicht mehr die Fahne Asiens
  In unsrer Tempel Höhn,
Daun! den Trophäen Platz, mit welchem du
  Den Sieg zu uns geschickt.

O Våterland, denk an den großen Tag,
  Und jene Zeit zurück:
Als an des Helden Schwerdt dein Glück, dein Heil,
  Und jede Hofnung hieng.
Dank sey **Theresien**! Sie fühlt ihn zwar,
  Der bangen Länder Schmerz,
Doch zittert nicht. Sie sieht, sie wählet **Daun**,
  Den Donner ihres Kriegs.
Unüberwindlich rückt der Held nun aus;
  Sein untrennbar Geleit
Zur Seite: Klugheit und Religion.
  Die weiht ihn ein zum Sieg,
Und seegnet jeden Schritt, die Klugheit führt
  Ihn sicher an der Hand,
Jetzt zeigt sie ihm **Kollin** — und heißt ihn stehn.

  Wie Wolken, die ein Sturm
Aus hundert Bergen ruft, um sie ins Thal
  Hinabzustürzen, ziehn:
Ein schwarzer, rascher Zug! Es krachet schon
  Die Tanne fern im Wald:
Der scheue Hirt verbirgt in Höhlen sich;
  Doch hinter Osten laurt
Ein Gegenwind. Jetzt bricht er plötzlich aus,
  Verbringet, und zerwirft

Mit stärkerm Hauch die kommende Gefahr.
  Die Sonne lacht dann frisch
Aus dem zerrissenen Gewölk hervor,
  Und lange noch verfolgt
Den letzten Schwarm der Ostwind, bis er ihn
  Tief unters Meer gejagt:

So zog ein dreifach Heer schnell reissend an,
  Mars keuchet hinter ihm,
Im eisernen Gewand. Verwüstung, Tod
  Bezeichnet seinen Pfad.
Unwiderstehlich drängt es sich nun fort,
  Weit über Prag, das kaum
Die Tausende vor seinem Schwerdte deckt.
  Nun zieht sich unser Held
Schnell von Kollins Gebirg herab, und stämmt
  Sich wider Nordens Macht
Auf Hügeln, die er klug gesucht. — Triumph!
  Seht unsre Feinde dort
Verwirrt in weit durchschoßnen Gliedern fliehn!
  Auf ihren Nacken sitzt
Des Rächers Schwerdt, bis man kein feind-
              lich Roß
  In Böhmen wiehern hört.
Indeß nimmt jauchzend Wien den schönsten Sieg
  In seine Mauern auf;
Der an Theresens Thron sich schämend schmiegt,
  Daß er so zaudernd kam.

Jetzt führt den Held die Klugheit zu dem Feind,
  Der von Natur und Kunst
Bewacht, umschanzt, in sicherm Lager schlief,
  Er träumet noch vom Sieg,
Als ihn mit donnerndem Geschütze **Daun**
  Vom Schlaf zum Tode weckt.
Unstreitbar taumeln dann viel Tausende
  In ihrer Feinde Stahl,
Die übrigen entreißt die Flucht dem Tod.
  Dort stehts am Berg das Heer
Der Feinde, vom Gezelt und Waffen bloß!
  Wie auf dem Felsen dort
Ein Schiffer einsam sitzt, und naß vom Sturm,
  Der ihn am hohem Meer
Erst überfiel.   Zu schwach zur Rache, sieht
  Er hämisch in die See,
Worauf mit Mast und Schiff der Nordwind spielt.

  Doch wer besingt sie ganz
Die Thaten **Dauns**? Ihr ewig schöner Ruhm
  Spornt manchen Helden noch
Ins blutige Gedräng, ihm gleich zu seyn:
  Wenn er von **Maxen** liest,
Von **Torgau, Dresden, Ollmütz** und **Berlin**,
  Das, hinter Preussens Heer
Versteckt, vor unserm **Daun** nicht sicher war. —
  Nun ruht er zwar von Schweiß
Und Wunden in dem Schoos des Friedens aus,

Doch wachet noch sein Geist
Für unsrer Staaten Heil, die Kriegszucht
blüht;
Und — kurze Freud'! er stirbt.
Der Held! Wien bebt, und fühlet seinen Tod!

Und er geht ruhig hin
Zur Ewigkeit, so wie er einst vom Sieg
Zurück ins Lager gieng.
Jetzt baut der Ruhm auf jedem Schlachtfeld
ihm
Ein glänzend Denkmal auf,
Ihm dankt der Bürger im Vorübergehn,
Und heißt ihn Retter; doch
Der Feind schämt sich, und zittert, wenn er
liest:
„Dem Helden Oesterreichs
„Geweiht, der Preußens Macht und Friedrich
schlug!
„Genug, wer thats vor ihm?

Schreiben
an einen Freund.
von Denis.

Vorerinnerung.

So sehr der Unterricht einer zahlreichen adelichen Jugend den berühmten Verfasser nachstehenden Schreibens beschäftigt, so hat er sich doch erbitten lassen, mir diesen poetischen Brief mitzutheilen, der noch nie zuvor im Druck erschienen ist, und artige Betrachtungen über die dichterische Autorschaft enthält.

Immer locken sie mich die viel zu gefälligen
    Musen!
 Immer schleichet ihr Reitz
Tief in mein übelverwahrtes Gemüth! In
    Mitte der Arbeit,
 Unter der Schüler Gedräng'
Hebt sich ihr Stoff: Wann stimmst du sie wieder
    die müßige Leyer
 Welche Phöbus dir gab?
Gab er zum Schweigen sie dir, und weckt den
    Kützel der Saiten
 Zephirs Fittig allein?
Sterblicher, denke zurück! du warst ein flatternder Jüngling
 Keiner Gottheit geweiht;
Phöbus zeigte dich uns, und sprach: Im Chore
    der Sänger
 Werde sein Name genennt!
Sprachs, und gab dir die Leyer. Da ward im
    Chore der Sänger
 Auch dein Name genannt;
Und manch jugendlich Lied, gleich Morgenstralen im Lenze,
 Gieng in der Seele dir auf.

Aber nun hängt sie dahin. Nur selten tändelt
    ein Finger
Ueber die Saiten herab!
Siehe, schon kehret der Herbst. Du wirst nun
    wieder dein eigen,
Ferne vom Staube der Stadt.
Hören die Buchen kein Lied, und kein Lied der
    trunkene Weinberg,
Und die Gefilde kein Lied? —

Also locken sie mich die viel zu gefälligen
    Musen,
Hör ich ihr Locken? o Freund!
Fruchtbar ist unsere Gegend an Dichtern. Sie
    kommen und singen:
Phöbus hat uns gesandt.
Kehret ein Sieger vom Felde des Todes, ver-
    mählen sich Fürsten,
Schwärzet die Parce den Thron,
O dann strömen Gedichte! dann bringen ge-
    bährende Pressen
Prächtige Bogen zur Welt.
Frostig schielet der Wiener nach ihnen, und
    gähnt und liest Ode,
Gähnt und leget sie weg.
Handelt er allzeit gerecht? dieß wirst du besser
    entscheiden;
Aber er handelt nun so.

Freund, ich liebe mir Beyfall und Lob; und ist
 es ein Fehler,
 Freund, ich will ihn gestehn.
Misch' ich mich nun in die dichtenden Haufen;
 o welch ein Verhängniß
 Ist mir mit ihnen bestimmt!
Gestern erschien ich, und morgen ergreift mich
 die zierliche Jungfer,
 Oder der blonde Friseur,
Schneidet manch Dreyeck aus mir, und wickelt
 das Haar der Coquette
 Oder des Stutzers darein;
Oder ich werde bey Tafeln der Großen mit Zu-
 cker gefüllet,
 Und den Kindern geschickt;
Oder man bringt mich im alten Papiere zum
 riechenden Krämer,
 Und macht Düten aus mir.
Glücklich noch, wenn den Taback in mir ein
 Dichter sich kaufet,
 Und ein Beyspiel sich nimmt!
Freund! und folg' ich ihr dennoch der Stimme
 der lockenden Musen?
 Handeln sie billig mit mir?
Suche nicht: hör' ich dich sagen: das Lob und
 den Beyfall der Menge!
 Hat denn die Menge Geschmack?

Immer sey dir genug, wenn Weise dich lesen
und loben,
Sind schon der Weisen nicht viel.
Freund! ein beträchtlicher Theil der Weisen
liebet die Reime
Sind schon der Weisen nicht viel.
Und ich liebe sie nicht, und ist auch dieses ein
Fehler,
Den auch will ich gestehn.
Griechenlands Dichter, und Latiens Dichter!
euch bin ich es schuldig.
Ihr verwöhntet mein Ohr!
Ewige Priester der Musen! ihr Zierden der
Vorwelt, ihr habt wohl
Niemals an Reime gedacht!
Mitten im Strome von euren entzückenden Har-
monieen
Denk' ich auch nicht an sie.
Und so sieht man mein Lied mit Erbarmen, und
seufzet: **Er reimt nicht!**
Seufzet, und leget es weg. ―
Freund! ich will den Apoll ein niedliches Opfer
entrichten,
Wenn sein Einspruch es fügt,
Daß sich ein leichter Franzos in helleren Tagen
der Zukunft
Reimlos zu dichten erkühnt.

Wagt er den Schritt, und hat sein Paris ihn
  gelobt und vergessen,
 Wird es den Deutschen dann kund!
O dann wird es zur Mode gewiß! du kennest
  die Deutschen,
 Ganz zum Folgen gemacht.
Welch ein Zeitpunkt für mich! dann schweb' ich
  auf Flügeln des Ruhmes
 Ueber mein ruhend Gebein,
Horche vom Aether herab, und höre die Reime
  verachten,
 Horch' und höre mein Lob,
Und mein freyer Gesang, dem Nasen sich itzt
  noch rümpfen,
 Steiget gepriesen empor.
Tage der Zukunft erscheint! Indessen will ich
  mich trösten,
 Denn du liesst mich ja, Freund!

Anrede
an das Hannöverische Publikum,

von Löwen,

Gesprochen von Madam Hensel.

Geseegnet! — Auf die spätste Zeit
Gesegnet sey uns dieser Tag! Er sey
Ein Festtag unsern Herzen!
Es machen Pflicht, Gefühl und Dankbarkeit
Noch spät sein Angedenken neu!

Mit Flammenschrift — denn Worte sind zu
wenig —
Schreibt das Gefühl in unsre Herzen an:
Was euer Vater, was der gröste König
An uns, an unsrer Kunst gethan.

Ihr Gönner! diese Kunst, von Königen geschützt,
Von Redlichen geliebt, von Kennern stets ge-
priesen,
Den Sitten heilig; und nicht wie vor diesen
Durch falschen Witz und dummen Scherz genützt,
Die gröste, schwerste Kunst, die als Romanze
Von seinem Wagen Thespis sang,
Die, eh noch Sophocles, umstrahlet von dem
Glanze

Melpomenens, in rohe Herzen drang,
Schon Aeschyl in Gespräche zwang,
Und Griechenland empfindlich sang;
Die Schauspielkunst, von jedem Volk gelitten,
Von dem Boeotier bis zu dem Britten,
Die, eh das Vorurtheil aus deutschem Busen
         wich,
Von Stadt zu Städten furchtsam schlich,
Kennt ihre Lieblinge, wünscht Euren Beyfall
         sich!

Ihr denkt zu groß, zu menschlich, und zu
         schön,
Ihr Euren Beyfall zu versagen.
Seht nicht umsonst sie Dolch und Maske
         tragen!
Sie will, die Herzenszähmerinn,
Zur Heldentugend jeden Trieb erhöhn,
Dem Laster lachend Wunden schlagen,
Sich kühn an das Gesicht verjährter Thorheit
         wagen,
Und spottend ihr die Larv' von dummen Wan=
         gen ziehn.

Wenn sie im blutigen Kothurn erscheint,
Wenn Wuth aus ihrem Auge blitzt,
Wenn ihre Brust der Rache Flamm' erhitzt;
Wenn schreckliches Gefühl empörte Trieb' er=
         schüttert,

Dann — wer erst fühlloß war, der zittert,
Und jedes Auge weint.
Wenn sie im bürgerlichen Kleide,
In dem Gefolg der Grazien, der Freude,
Des Amors und der Scherze geht,
Folgt ihr mit spottend freyer Miene
Der Genius der kom'schen Bühne,
Ein Satyr, der die Kunst versteht:
Er will durch Spott, und durch gesittet Lachen
Den Thoren — klüger nicht; — zum kleinern Thoren machen.

Ein halbes Wunder! — Glaubt, die Zauberinn,
Die Schauspielkunst vermag noch mehr. Ihr Gönner!
Euch, unschuldsvoller Freude Kenner,
Reißt ganz ihr Werth zu ihrem Vortheil hin.
O lasset uns zu Deutschlands Ruhm gestehn:
Wir sahen nie, was wir bey Euch gesehn:
Geschmack und Trieb, den Zeitvertreib zu nützen,
Und unsre Kunst zu seegnen und zu schützen.

Unter Chloens Fenster,
gesungen von ihrem Liebhaber,
im Jänner beym Mondscheine.
von demselben.

Sieh unter deinem Fenster mich,
O strenge Chloe, weinen!
Nicht eh verlaß ich es, bis dich
Die Sonne wird bescheinen.

Sie wird alsdann, wie itzt der Mond,
Voll Mitleid auf mich sehen!
Sehn, wie der Stolz dein Herz bewohnt,
Und ich — ich will dann gehen

Tief in den Wald, die Menschen fliehn,
Unsinnig mich gebärden,
Nur Wurzeln essen, und verblühn,
Und ein Einsiedler werden.

Drum öfne, wo die Thüre nicht,
Das Fenster nur! Mit Bücken
Laß mich dein holdes Angesicht
Im Mondenschein erblicken.

Aus Liebe, weist du, schliff' ich ja
Die Spitz an meinem Degen,
Und schwur: käm ein Verführer nah,
Ihn herzhaft zu erlegen.

Und doch verbeut dein Stolz, o Weh!
Dein Angesicht zu sehen;
Fliehst mich im May, läßt tief im Schnee
Mich hier im Jenner stehen.

Hör' nicht den Stolz; ach höre mich!
Laß mich nicht länger weilen!
Sonst möcht' ein Wolf, verlaß ich dich,
Hier unterm Fenster heulen.

Versprichst du, strenge Chloe, mir,
Nicht ewig mich zu quälen;
So will ich die Geschichte dir
Von diesem Wolf erzählen.

*) Ein alter Hunnenfürst, sein Nam'
Ist mir entfallen, zählte
Zwo Töchter; als das Alter kam,
Wo er sie gern vermählte;

Wo jeden die Versuchung plagt
Der Fleisch im Busen fühlet,
Und statt der Puppe, die nichts sagt,
Mit der die redet, spielet.

Um diese Zeit, der Lust so nah,
Und reif, sie zu geniessen,
Sah man den Hunnischen Papa
In einen Thurm sie schliessen.

*) In des Deguignes allgemeinen Geschichte der
Hunnen und der Türken steht diese Legende.

Sie litten's gern; es wollte nie
Ihr Stolz auf Erden wählen;
Mit einem Gotte wollten sie
Zur Noth sich noch vermählen.

Da saßen nun, vertieft in Gram,
Die stolz verliebten Dinger;
Und, Jammer! keine Gottheit kam,
Und keine gabs geringer.

Doch, nach fünf Jahren guckt betrübt
Die Jungfer von der Höhe;
Es deucht ihr, denn sie war verliebt,
Daß sie den Gott nun sähe.

Es war ein Wolf, der manche Nacht
Zum Schutz hieher geeilet,
Sich eine Grube hier gemacht,
Und seine Brunst geheulet.

Der Wolf sey, glaubt sie sicherlich,
Ein Gott — Ihn nicht zu missen,
Sich zu vermählen, läßt sie sich
Vom Thurm, und wird zerrissen.

O Chloe! denk an meinen Harm,
Wag nicht, ihn zu verlachen.
Das Fenster auf! spring mir in Arm!
Und nicht dem Wolf in Rachen!

Friedensgedicht
von einem Ungenannten.

Schon lange schwieg die schlaffe Leier;
Kein rascher Finger rührte sie.
Sonst sang die junge Muse freier;
Was sie nun sang, ward Elegie.
Sie, die Tyrannen niemals schmeichelt,
Nie dem beglückten Wütrich heuchelt,
Der lächelnd auf sein Schlachtfeld sieht,
Sie schwieg. Doch plötzlich schallen Lieder
Vom jubelreichen Pindus nieder.
Der Friede kömmt. Er sey ihr Lied.

Wie tobst du in dein Eingeweide,
Germanien, wie wüthest du!
Der Neid sah dich mit scheeler Freude,
Und winkt dem Mars vertraulich zu;
Und Mars führt mit zerstreuten Haaren
Von Ost und West die kühnen Schaaren
Auf Wall und Schwerdt und Bruder ein.
Rauh, wie der Nord aus Heklas Klüften,
Durchstürmt er Deutschlands bange Triften,
Und brüllt: der Krieg soll ewig seyn.

Schnell stürzt auf Städte und Palläste
Des Krieges Donner laut herab,
Und stolzer Mauern öde Reste

Bezeichnen ihrer Bürger Grab.
Rund um sie her auf fetten Fluren
Verbreiten sich des Krieges Spuren,
Verheerter Länder Ungemach.
So, wenn Vulkane sich ergießen,
Raucht das Gefild von Schwefelflüssen,
Und Wüsten dorren ihnen nach.

Welch schrecklich Schauspiel von Ruinen!
Ihr Schutzgeist siehts, und bebt zurück.
Ein tiefer Schmerz herrscht in den Mienen,
Und Wehmuth trübt den starren Blick.
Anbetend steigt er drauf gen Himmel,
Ihm folgt im klagenden Getümmel
Das Elend, das durch Seufzer spricht,
Der Wittwe Gram, der Waisen Thränen,
Der Bürger Blut, der Armen Stöhnen.
Und Vorsicht! wie? du hörst sie nicht?

Sie hörts, und spricht: — die Engel schweigen,
Die Welten zittern, wenn sie spricht: —
„Den Menschen mich als Gott zu zeigen
„Brauch ich des Krieges Schrecken nicht.
„Ich laß in Pesten und in Wettern
„Dort Menschen tödten, hier zerschmettern,
„Und Pest und Wetter sind ihr Glück.
„Ich rief den Krieg: er stürmte nieder.
„Ich wills: der Friede komme wieder."
Der Himmel jauchzt: er kömmt zurück.

Er kömmt; sanft wie nach schwülen Tagen
Der Thau die dürren Fluren tränkt,
Und heiter, wie sich Titans Wagen
Ins Meer mit tausend Farben senkt.
Voran hüpft in geschlungnen Tänzen,
Geschmückt mit ewig grünen Kränzen,
Der jungen Freuden muntres Chor.
Die Tugend eilt, ihn zu begleiten;
Die Grazien gehn ihm zur Seiten
Und Fleiß und Künste, Deutschlands Flor.

Es tönt; die fromme Hymne schallet;
Und Millionen singen sie.
Der Erde lauter Jubel lallet
Der Himmel höhre Harmonie.
Im frohen Zuruf ihrer Lieder
Sinkt er auf Regenbogen nieder,
Um die der Zephir Wollust weht.
Der Unschuld Schmuck ist seine Zierde;
Sein Kleid ist Pracht, sein Anstand Würde,
Sein Gang ist sanfte Majestät.

Sein Blick voll Anmuth winket Küsse,
Und Seegen strömt von seiner Hand.
Befruchtend, wie Egyptens Flüsse,
Durchwandelt er das ofne Land.
Wie hebt sich unter seinem Schritte
Hier ein Pallast, dort eine Hütte!
Wie blüht das blutgedüngte Feld!

So ruft einst Gott, beim Schluß der Zeiten,
Zum Leben für die Ewigkeiten,
Aus Gräbern eine neue Welt.

Noch sieht man Deutschlands Heere ziehen
Und Krieg auf ihren Wangen glühn.
Doch bald wird Krieg und Wuth entfliehen;
Die Muse sieht sie schon entfliehn.
Wo frommer Bürger Thränen fliessen,
Wo Brüder Brüderblut vergiessen,
Glänzt da des Patrioten Tod?
Der Tod, durch den sie Ruhm erwerben,
Ist der, den ächte Helden sterben,
Der Tod für Vaterland und Gott.

Das Kornfeld lacht. Der Fruchtbaum senket
Wohlthätig sein belastet Haupt.
Des Weingotts süsse Pflanze schenket
Zufriedenheit. Von ihr umlaubt
Genießt der Landmann seine Freuden.
Der Hirte läßt auf sichern Weiden
Die ungezählten Heerden gehn.
Die Unschuld spielt im stillen Thale;
Der Greis sieht nun zum zweitenmale
Sein jugendlich Arkadien.

Senkt euch herab, verscheuchte Musen!
Euch winkt das Tempe, das hier blüht.
Begeistert eurer Söhne Busen,

Die ihr für Deutschlands Ruhm erzieht.
So fließt von ihren Silbertönen
Der Werth der Tugend und des Schönen,
Das Glück der Freundschaft und der Ruh.
So tragen sie auf kühnen Schwingen
Euch, und die Helden, die sie singen,
Und sich den Ewigkeiten zu.

Land, wo sich unter goldnen Schlössern
Der stolze Boden schwellend hebt.
Wo Kunst in spielenden Gewässern,
Und Marmor in Statüen lebt.
Hier, wo gelenkt von Zaubersaiten,
Affekte mit Affekten streiten;
Wo, zur Natur sich zu erhöhn
Des Pinsels Kunst in Schöpferzügen
Verführt — du bildest dein Vergnügen,
Gesetzt wie Rom, fein wie Athen.

Wie! sind das einer Gottheit Blicke?
Wer strahlet dort von jenem Thron?
Er ist es, Deutschland, dir zum Glücke,
Dein Schutzgeist, die Religion.
Heil euch, von ihr beseelte Staaten!
Den Bürgern flößt sie edle Thaten,
Den Fürsten Menschenliebe ein.
Sie lehrt den Jüngling ernste Tugend;
Durch sie blühn Greise wie die Jugend.
O Glück! o möcht es ewig seyn!

Zwo Idyllen
von
C. A. Schmidt.

Vorerinnerung.

Dieser Dichter, ein ehemaliger Mitarbeiter an den Bremischen Beiträgen, ist wenigstens durch das rühmliche Urtheil der Herrn Schlegel und Ramler auch allen denen bekannt, denen er ausserdem durch seine eigne Schuld unbekannt geblieben wäre. Ein schönes poetisches Kolorit und eine glückliche Versification empfehlen seine Gedichte, und besonders diese Idyllen, wenn sie auch zuweilen vom Idyllenton etwas abweichen sollten. Von der zweiten kann es der strenge Recensent des Arrian in der allgemeinen Bibl. zwar nicht leugnen, daß viel Poesie darinnen herrsche, dennoch tadelt er es, weil es eine sehr gebrauchte Erfindung, eine Verwandlung, zum Grunde habe, welche noch dazu zu unsern Zeiten auch nicht einmal eine poetische Wahrscheinlichkeit mehr haben könne. Gewiß der Recensent muß wenig von der Poesie verstehn! Die Veranlassung zu der zweiten Idylle erzählt der Verfasser selbst:

„Das Sonderbare der Geschichte von der Wasser„nymphe auf der Insel Nosola veranlaßte „mich, mitten in der Ausarbeitung der Ueber„setzung, zu einem poetischen Gemälde, das von

„der Erzählung des Geschichtschreibers einige
„Grundzüge behalten sollte. Es war ein bloßes
„Spiel der Einbildungskraft. Es sollte sich auf
„Hypothesen gründen, die von den ältesten Zei-
„ten her in dem Gebiete der Dichtkunst in Ansehn
„gewesen sind. Ich erlaubte mir diese, und ver-
„änderte den Ort, die Zeit, und so gar den Cha-
„racter der Geschichte und der Hauptperson.
„Meine Najade sollte keine Lais seyn. Ich gab
„ihr zärtliche Empfindungen, und einen Namen,
„den eine sehr bekannte Wassernymphe beim Vir-
„gil und andern alten Poeten hat. Ich könnte
„es geschehen lassen, daß meine Erzählung von
„der Seite der Moral die bekannte Erfahrung
„bestätigen hülfe: Der Unmuth verwüstet alles,
„und die Liebe macht alles frölich; allein ich bin
„so aufrichtig gewesen, zu gestehen, daß das
„Unterrichten meine Hauptabsicht nicht war.
„Ich wollte anfangs nur einen Freund in die er-
„sten angenehmen Empfindungen unsrer poeti-
„schen Jugend zurückführen, und mit meinem
„Muthe die Einwürfe seiner Bescheidenheit gegen
„seinen Ruhm, die dem deutschen Parnasse gewiß
„mehr entzieht, als er glaubt, unvermerkt schwä-
„chen. Er nahm mein Lied sehr freundschaftlich
„auf, allein mein Zweck blieb unerreicht. Jetzo
„wage ich einen noch kühnern Schritt, um auch
„das Publikum gegen ihn auf meine Seite zu
„ziehn. Gesetzt ich wage zu viel, so wagt er gar
„nichts, wenn er die Früchte seiner großen Ta-
„lente der Nachwelt übergiebt."

Silen.
Nach der sechsten Ekloge Virgils.
An den Herrn Grafen von Brühl.

(Siehe Bremische Beyträge.)

Der Hirt von Mantua blies erst sein Lied
    mir vor.
Thalia schenkte mir sein ausgespieltes Rohr,
Und ließ sich selbst mit mir zur Schäferlust her-
    nieder,
Und gieng mit Schäfern um, und sang mit
    Schäfern Lieder.
Als ich von Schlachten sang, den Muth der
    Heere pries,
Mich zu den Helden hob, und meine Flur ver-
    ließ,
Da zischelte sie mir die Warnung in die Ohren:
Wohin zu kühner Hirt? du bist zur Trift ge-
    bohren,
Dem glückt kein prächtig Lied, der nur ein Schä-
    fer ist,
Bleib du bey deiner Trift, wenn du ein Schä-
    fer bist. —
Wohlan, so weih ich dir, du Schutzgott der
    Poeten,

Ein Lied, so gut es klingt, auf unsern Schäferflöten,
Dein Name flößt den Muth schon größern Geistern ein,
Sie dringen sich zu dir, durch ihn einst groß zu seyn.
Denn es kann Helden nie an starken Dichtern fehlen,
Die den erfochtnen Ruhm der Ewigkeit erzählen.
Dies Lied wirkt blos dein Wink; doch wenn dies Lied gefällt,
Wenn es ein zärtlich Herz des Beyfalls würdig hält:
So wird dein Name schnell durch alle Wälder bringen,
Dich wird die frohe Flur, dich jeder Fels besingen.
Der freyen Dichtkunst Gott hört schon mit Lust mir zu;
Was machts, daß er mich hört? Erlauchter Graf! nur du.

Myrtill und Lycidas, zween muntre junge Hirten,
Ertappten, da sie einst durch Thal und Felder irrten,
Den schnarchenden Silen in einer Höhl' allein.

Die Adern schwollen auf, und zeugten von den Wein,
Den er erst gestern trank, und alle Tage trinket.
Dort lag ein Kranz, hier er; sein Haupt, das taumelnd sinket,
Verlohr den letzten dort. Hier trug ein dürrer Ast,
Der jetzt zu brechen schien, der braunen Kanne Last.
Er hatte beyden oft ein neues Lied versprochen,
Und lange sie getäuscht, und oft sein Wort gebrochen;
Drum schlichen beyde sich zum Alten jetzt hinan,
Und banden zitternd ihn mit seinen Kränzen an.
Auch Aegle kömmt dazu, die schönste der Najaden,
Und macht die Schäfer dreist. Ihm schalkhaft mehr zu schaden,
Färbt sie mit Maulbeersaft, da er schon blinzt und wacht,
Ihm Stirn und Wange roth, und sieht sich um, und lacht.
Sie lachen alle drey um den gefangnen Schläfer,
Und er lacht selber mit. „Was wollt ihr losen Schäfer?
„Nehmt mir die Fesseln ab! gnug, daß ihr mich gesehn.
„Ihr wollt das Lied von mir? So mag es dann geschehn.

„Ihr Schäfer hört mir zu! Euch will ich jetzt vergnügen,
„Euch weih ich dies mein Lied; die will ich anders kriegen."

Er singt und alles fühlt. Wohin der Schall nur dringt,
Wird alles schnell bewegt, so bald sein Lied erklingt,
Der Faunen muntres Volk tanzt in geschlungnen Reihen,
Das Haupt der Eichen schwankt, und zeigt wie sie sich freuen.
Der Pindus jauchzt nicht so, wenn Phöbus göttlich spielt;
So hüpft der Ismar nicht, wenn er den Orpheus fühlt.

Er singt wie Meer und Glut und Luft und Erd' entstanden;
Wie schwimmend durch den Raum, die Stäubgen sich verbanden,
Der Wesen erster Grund; wie jetzt noch neu und zart,
Der Erdball leicht sich wälzt, bald wuchs und schwerer ward,
Jetzt sich verhärtete, das Meer ins Ufer drückte;
Und alles nach und nach in seine Bildung rückte.

Und wie die Erd' erstaunt, da schnell der Sonnen Licht
Aus einer ewgen Nacht zum erstenmale bricht,
Und Wolken aufwärts zieht, die Blitz und Güsse zeigen;
Da Wälder hier und dort aus lockerm Boden steigen;
Und hier und dort ein Thier auf steilen Höhen rennt,
Und Gegenden durchstreicht, wovon es keine kennt.

Er malt die güldne Zeit, in der Saturn regierte;
Beschreibt, wie jeder Stein, den Pyrrha warf, sich rührte,
Und von der Kraft beseelt, die Menschen erst gebahr,
Ein Kind zu werden schien, ein halbes Kind jetzt war,
Bis er, da er zuletzt im Menschen ganz verschwindet,
Sein Daseyn schwach erst merkt, und wachsend mehr empfindet.

Er singt vom Kaukasus, und des Prometheus Quaal;
Der, Menschen allzutreu, dem Zevs das Feuer stahl;

Wie eine Nymphe dort, den schönen Hylas
 liebte,
Und ihn ins Wasser zog; wie sich Alcid betrübte;
Wie ihn der Schiffer ruft, und oft das Ufer schallt,
Und Hylas! Hylas! oft vom Felsen wiederhallt.

Man hört sein zärtlich Lied der Prokris Tod
 bedauern,
Man hört der Wälder Ach; die Liebesgötter
 trauern,
Cekropien erschrickt, selbst der Menanderfluß
Beweint, Armseelge, dich und deinen Cephalus.
Ach! soll dein junges Blut die frischen Kräuter
 färben!
Armseelge, flieh den Hayn! was suchst du dein
 Verderben?
Wie, daß selbst dein Gemahl dein Mörder
 werden muß?
Ach Prokris, schone dich und deinen Cephalus!
Jetzt sieht er, doch zu spät, die frische Wunde
 rauchen,
Jetzt hebt die weiße Brust zu spät ein schwaches
 Hauchen,
Und sein bethränter Blick klagt Erd' und Him-
 mel an;
Doch er bereut zu spät, was er nicht ändern kann!
Ihr Nymphen, hört nicht auf, die Jugend zu
 beweinen!

Erzählt der Prokris Tod den mitleidsvollen
            Hainen!
Nie misch' ein zärtlich Herz den Argwohn in den
            Kuß,
Der trennte Prokris einst von ihrem Cephalus.

Der Atalanta Lauf wagt jetzt Silen zu
            malen;
Im Bilde sieht man hier die güldnen Aepfel
            stralen.
Die Schwestern Phaetons umwächset Rind'
            und Moos,
Zusehens werden sie im Lied, als Erlen, groß.

Er lehret, wie er selbst auf des Parnassus
            Höhen
Den muntern Gallus jüngst verwundrungsvoll
            gesehen;
Wie eine Muse stolz ihn bey der Hand geführt,
Und Phöbus ganzes Chor, durch seinen Blick
            gerührt,
Aus Ehrfurcht sich gebückt; wie er beschämt er=
            schrocken;
Wie Linus, jener Hirt, um dessen Silberlocken
Ein ewger Lorbeer sich mit grünen Blättern
            schlingt,
Ihm gleich ein göttlich Lied entzückt entgegen
            singt,

Und lächelnd zu ihm spricht: du Zierde der
 Poeten,
Dir schenkt das Musenchor die lieblichste der
 Flöten,
Die es vordem, wie dir, dem Greis von Askra
 gab;
Er sang die Eichen oft vom höchsten Berg
 herab.
Lehr' ihren Zauberklang die neubelebten Felder,
Verewige damit die Anmuth jener Wälder,
Wo Phöbus Tempel prangt, daß einst der Gott
 gesteht,
Dies sey sein schönster Hain, weil ihn dein
 Lied erhöht! —

Wie viel sang noch Silen! Wer kann, wie
 er, erzählen,
Wie Scyllens Hunde dort Ulyssens Schiffer
 quälen;
Wie dieses Ungeheur der Meere Schrecken ist,
Und das halbtodte Volk zerreißt, und tobend
 frißt?
Wie mit dem Tereus hier der Progne Rachsucht
 handelt,
Und wie der Götter Macht den Wütrich schnell
 verwandelt,
Da er sein Kind verzährt; wie ihn sein Grimm
 betrügt,

Wie er schnell um sein Dach, schnell in die Wüsten fliegt;
Wie Philomele weint, und durch ihr sanftes Klagen
Das Echo traurig zwingt, ihr Klaglied nachzusagen?

Was der Eurotas je vom Phöbus selbst gehört,
Was je sein Götterwitz den Lorberhain gelehrt,
Das alles sang Silen. Der Wälder froh Getümmel
Schlug von den Felsen ab, der Nachklang drang zum Himmel,
Bis daß der Abendstern die Hirten schliessen hieß,
Der jetzt zum erstenmal der Welt sich ungern wieß.

Die Nymphe Panope.
An einen Freund.

(Siehe die Uebersetzung von Arrians Indischen Merkwürdigkeiten.)

Freund, wenn die kühle Luft der stillen Abendzeit
Uns vormals beym Virgil zum Dichten eingeweiht,
Wenn unser Thal manch Lied, das uns die Muse lehrte,
So aufmerksam, so gern, als unsre Phyllis, hörte;
Wenn wir der Einsamkeit, was unser Herz gefühlt,
Scheu vor dem lauten Ruf, verborgen vorgespielt,
So war kein Fürst uns gleich. Ach kommt die Zeit nicht wieder?
Ergreif dein Saitenspiel, uns glücken jetzt noch Lieder.
Freund, dieser Wald, beseelt von deiner Harmonie,
Hört deine Lieder noch, noch wiederholt er sie;
Stets dankbar lehrt er sie den Büschen, seinen Söhnen,

Er übt den Wiederhall, sie scherzend nach-
zutönen;
Und manchen süssen Ton, den dir die Muse gab,
Lernt ihm die Nachtigall in seinem Schatten ab:
Sie trinkt ihn lachend ein, und ihre kleine Kehle
Klagt sanft ihr schmelzend Herz der nächsten
Philomele.
Sieh deinen Ulmbaum dort. Wie einsam, wie
betrübt
Sucht er die Schäferinn, die er als Mensch
geliebt!
Der Weste sanfter Hauch schlüpft von verein-
ten Zweigen,
Die uns halblebend noch, was sie gewesen,
zeigen.
Selbst Phöbus stahl sich oft aus seiner Mu-
sen Chor,
Und sang den innern Gram hier unsern Bu-
chen vor.
Hier sassen wir versteckt: dann bebten unsre
Herzen
Dem sanften Liebe nach, wenn er von seinen
Schmerzen,
Von seiner Daphne sang, die Cyperns Gott
ihm wieß,
Und sie stets vor ihm fliehn, ihn ewig lieben hieß.
Ach ewig wird der Gott um seine Daphne
weinen!

Kein Wunsch wird je mit ihr sein brennend Herz vereinen!
Sie grünt im Lorbeer noch, denn keiner Gottheit Macht
Umwandelt, was ein Gott ins Pflanzenreich gebracht.
Doch, Freund, er war zu schön, sich ohne Trost zu quälen:
Laß meine Muse dir der Liebe Trost erzählen.

Die schwarze Grotte dort an der beschäumten See,
War einst der Aufenthalt der Nymphe Panope,
Der liebenswürdigsten von allen Wasserschönen;
Der unerbittlichsten, sich wieder auszusöhnen,
Wenn Zorn und Argwohn erst in ihrer Brust erwacht.
Ganz Liebe, wenn sie liebt, ganz Rachsucht, aufgebracht.
Von der Najaden Chor, die Strymons Ufer schmückten,
Und scherzend Götter oft hier täuschten, dort beglückten,
Blieb sie getrennt, allein, scheu vor der Sonnenlicht,
Ganz ohne Liebende, doch ohne Liebe nicht.
Sie liebt den Phöbus selbst, der, in noch frischen Wunden

Den Schmerz des goldnen Pfeils aus Amors
    Hand empfunden.
Der Liebe strenge Macht durchwallt ihr heißes
    Blut,
Es glüht ihr ganzes Herz, und schämt sich sel-
    ner Glut!
„Ach Daphne konntest du den schönsten Gott
    verachten?
„Klagt sie. Mein armes Herz muß fruchtlos nach
    ihm schmachten!
„Was ist mein schwacher Reitz? Nach Daphnen
    viel zu schwach.
„Ich seufz' umsonst nach ihm, er seufzet Daph-
    nen nach.
„Du Schönster — Doch den Wunsch verberg'
    ein ewig Schweigen!
„Kein Sterblicher, kein Gott, soll von der
    Schwachheit zeugen,
„Dies einsame Gebüsch, in dem kein Horcher
    lauscht —
Sie stutzt, als das Gebüsch um ihre Grotte
    rauscht,
Erblaßt, springt schüchtern auf, eilt und sieht
    mit Erstaunen
Ein neubegierig Volk von Schäfern und von
    Faunen
Im nahen Epheu stehn, der ihre Grotte deckt.
In jedem Busche liegt ein schlauer Faun versteckt,

Der sich mit ofnem Maul und spitzgestelften Ohren
Die Klagen aufgehorcht, die still ihr Herz ver-
lohren.
„Verräther! schreyt sie laut, und sieht sich wild umher,
„Flieht, die ihr Götter seyd, ihr andern, sprecht nicht mehr!
„Diana rette mich! wenn sonst in deinen Schatten
„Die Seufzer ofner Brust noch sichre Zuflucht hatten,
„So zeige deine Kraft durch diesen Zauberstab,
„Den deine Priesterinn mir einst zur Rettung gab!
Sie sprichts, und schwingt den Stab erwartend durch die Lüfte,
Und plötzlich fährt ein Sturm durch unterirrd-
sche Klüfte,
Ein Donner brüllt ihm nach; der Fuß der Fel-
sen bebt,
Sie stürzen über sich, wo sich der Abgrund hebt.
Die Schäfer horchen noch mit ausgereckten Hälsen.
Der Sturm ergreift sie schnell, und schleudert sie vom Felsen
In das erschrockne Meer. Das arme Volk versinkt,
Schluckt salzge Wellen ein, worinn es nicht ertrinkt;

Ihr bebend Herz wird kalt, und hört bald auf
    zu beben,
Sie fühlen neue Kraft im Wasser sich zu heben;
Ihr Kopf ist nicht mehr rund, ihr Körper nicht
    mehr weich,
Die Arme werden kurz, und rothen Federn gleich;
Sie sehn ein Schuppennetz an Bauch und Rü-
    cken glänzen,
Sie schwimmen auf dem Bauch, und rudern mit
    den Schwänzen.
Das neue Schuppenvolk schwimmt in der Fluth
    herum,
Und ist zum Horchen taub, und zum Verrathen
    stumm.
Die sich im nahen Thal an ihre Grotte drängen,
Bemerken kaum im Sturm, daß sie an Wur-
    zeln hängen;
Als Weiden beugen sie noch immer sich hinan,
Ihr Haupt hört überwärts, so lang' es horchen
    kann.
Die Faunen fliehn bestürzt. So wie, umringt
    mit Netzen,
Beym Hifthorn Rehe fliehn, und durch die
    Büsche setzen,
So trägt die Späher auch von diesem Schre-
    ckensort
Ihr leichter Ziegenfuß mit hohen Sprün-
    gen fort.

Nun kehrt die Nymphe, stolz auf ihre Wunder-
 werke,
Zu ihrer Burg zurück, sie preißt der Rachsucht
 Stärke;
Doch weicht die schwache Lust der stärkern Sehn-
 sucht bald,
Sie klagt, und mit ihr klagt der mitleidsvolle
 Wald.
Wie Lieb' und Sehnsucht wächst, wächst auch
 der Gram der Seele,
Und jeder Tag vermehrt die Schreckniß ihrer
 Höhle.
Aus finstern Blicken spricht halb Gram, halb
 Zärtlichkeit,
Der Hofnung Strahl umwölkt des Unmuths
 Dunkelheit:
Bald wütet sie von Zorn, bald schlägt die Furcht
 sie nieder,
Sie haßt, was sie umgiebt, und alles haßt sie
 wieder.
Im grauen Alterthum, vor unnennbarer Zeit,
War dies ihr nahe Thal der Pales schon geweiht:
Hier feirte man ihr Fest.   Im süssen Duft der
 Meien
Sah man die Schäferwelt sich ihres Glücks er-
 freuen.
Die sanfte Fröhlichkeit umströmte jedes Herz,
Die blumenreiche Flur belebte Tanz und Scherz.

Von Schäfern ließen sich die jungen Schäferinnen,
Erröthend, manchen Kuß, nicht ungern, ab=
gewinnen;
Ihr Lied erkämpfte sich den Ruhm der Zärt-
lichkeit,
Die schönste Schäferinn entschied den schönsten
Streit.
Apoll verließ alsdann, froh, seines Pindus
Höhen,
Und stieg ins niedre Thal, dies Fest mit zu begehen.
Der Tag der Lust war da. Sich, wie zuvor, zu
freun,
Stellt sich der Schäferfreund, der Gott von
Delos ein.
Doch wie erstaunt er nicht! Er sieht nicht Tanz
nicht Reigen,
Das Thal ist liederlos, und ruht im tiefen
Schweigen,
Die Gegend steht verwaist, und wie ein Chaos,
leer,
Der Schäferinnen Chor singt auf der Flur nicht
mehr.
Tritonen hört er nur auf hohlen Muscheln blasen,
Und des entfernten Meers empörte Wellen rasen.
Die Blume traurt vor ihm im unbetretnen Klee,
Und in der Ferne traurt die Burg der Panope.
„Welch Ungeheur, schreit er, verbreitet hier
sein Schrecken?

„Darf noch ein Python sich in jenem Fels ver-
  stecken?
„Ich kämpfe wider ihn, und würg' auch seine
  Brut!"
Er spannt mit starker Hand, rachgierig, wild
  von Wuth,
Sein tödtendes Geschoß, den streitgewohnten
  Bogen;
Sein Köcher rauscht ergrimmt. Wie sahst du
  dich betrogen,
Apoll? Zu welcher That, zu welchem großen
  Streit
Befeurt dein Heldenmuth die stolze Tapferkeit?
Wer ist dein Feind? Was ists, daß deinen Grimm
  empöret?
Kein Python, der dir bräut, ein Herz, das
  dich verehret.
Er naht der Grotte sich; da er ihr Dun-
  kles sieht,
Glaubt er ein Thier zu sehn, das Gift und
  Flammen sprüht.
Schon steigt er himmelan, wo sich die Felsen
  thürmen,
Die nähere Gefahr reizt ihn, sie zu bestürmen.
So klimmt Alkmenens Sohn, zur Tilgung sei-
  ner Schmach,
Von edlem Zorn entflammt, den diebschen Cacus
  nach.

Auch Liebe kann, wie Ruhm, den Muth der Helden krönen.
Apoll sucht Drachen auf, und kömmt zu einer Schönen.
Die arme Panope steht sprachloß, starr, und blaß,
Wie dort der Marmor steht, den vormals Phidias
Der Schönheit Meisterstück, die selbst der Neid ergötzte,
Ein Wunder seiner Kunst, in Gnidus Tempel setzte.
Der Gott erstaunt mit ihr; sie stehn, und beyder Blick
Begegnet sich bald kühn, bald flieht er scheu zurück.
Der Unschuld sanftes Roth strömt über beyder Wangen,
Da jedes reden will, weiß keines anzufangen.
Gedanken drängen sich, doch sie entdeckt kein Wort,
Und ein Gedanke drängt den andern schleunig fort.
Zuerst faßt sich der Gott, und spricht nach langen Schweigen:
„Ich kam, o Nymphe, nicht, dir meine Macht zu zeigen.

„Ein Irrthum trieb mich her, du hast es wohl gehört,
„Ein Feind der Frölichkeit hat diese Flur zerstört.
„Mit Waffen in der Hand, mit meinen schärfsten Pfeilen,
„Mit dieses Bogens Kraft sucht' ich ihn zu ereilen.
„Mein Zorn hat dich erschreckt, verzeih den Irrthum mir,
„Mein Irrthum war beglückt, er führte mich zu dir!
„Verfolgt der Drach' auch dich? Entkamst du seinem Grimme?
„Mein Arm — — „Halt ein, Apoll! spricht sie mit schwacher Stimme,
„Du weißt nicht, wem du dräust, dein Feind, der Wüterich —
„Vielleicht ist er dir nah — vielleicht, — ach — liebt er dich! —

Sie schweigt, ihr zitternd Herz pocht mit gewaltgen Schlägen,
Empört sich gegen sie, wallt dem Apoll entgegen,
Und schmilzt vor Zärtlichkeit. Ihr jugendliches Blut
Tritt schnell ins Angesicht, und eine Thränenfluth

Sieht der nicht harte Feind, wie aus besiegten Dämmen
Ein Strom ins Ufer stürzt, die Wangen überschwemmen.
Von Lieb und Angst gepreßt, sieht sie ihn schmachtend an,
Entdeckt ihm eine That, die sie kaum stammeln kann
Entdeckt ihm, daß sie liebt, und nennt es ein Verbrechen,
Wünscht Daphnens Schicksal sich, und fleht ihn, sich zu rächen.
Apollo ward gerührt, er fühlt der Nymphe Schmerz.
Die sanfte Liebe schleicht durch Mitleid in sein Herz.
Der kleine Liebesgott schickt ihm mit losem Spotte
Den zweiten goldnen Pfeil mitleidig in die Grotte.
Um beyde flattert schon der Scherze gaukelnd Heer,
Und Phöbus haßt den Feind und seine That nicht mehr.
Er spricht ihr zärtlich zu: „hör' auf mit deinen Zähren,
„In deiner jungen Brust ein stummes Leid zu nähren.
„Zwar Daphnens Eigensinn vergißt mein Mitleid nie,
„Doch schöne Panope, sey glücklicher, als sie!
„Ists möglich, daß mein Herz mit deinem grausam handelt?

L

„Sie hat ein Gott empört, ein Gott hat sie verwandelt,
„Sie hält ihr eigner Wunsch, der nie sich beugen läßt,
„Unüberwindlich stark in ihrem Lorbeer fest.
„Sie floh vor mir, du liebst. O lerne frölich lieben!
„Uns ist kein ewger Gram vom Schicksaal vorgeschrieben,
„Nein unsre Zärtlichkeit sey ungehemmt und frey,
„Die Liebe schaff um uns die Fluren wieder neu.
„Entkräfte kühn den Fluch der dunklen Zauberlieder,
„Und schenke diesem Thal die treuen Bürger wieder!"
Der Dichtergott, berauscht vom siegenden Gefühl,
Legt Pfeil und Bogen weg, und nimmt sein Saitenspiel:
Die goldne Laute klingt. Der Reiz der Zärtlichkeiten
Quillt von dem Herzen aus, und fließt sanft in die Saiten,
In jeden Fingerschlag, in jeden Silberton.
Der erste Klang beseelt die kalten Fische schon,
Sie hüpfen feuriger, wie jene stärker klingen,
Bis sie nun schaarenweis der salzgen Fluth entspringen;

Sie richten schnell sich auf, und ihr entzücktes Ohr
Trinkt auf der grünen Flur die Lieder, wie zuvor.
Die Weiden taumeln dort: wie sie sein Lied empfinden,
Entwurzelt sich ihr Fuß, sie werfen ihre Rinden,
Der Nymphe Zauberkleid, in vollen Sprüngen ab,
Ihr längster schlanker Zweig ist nun ihr Zauberstab.
Aus jedem Busche kömmt, vom Lied herbey gezogen,
In ihres Schäfers Arm die Schäferinn geflogen.
Der anmuthreiche Scherz und Lieb und Tanz und Wein
Ziehn in ihr frohes Thal von neuem wieder ein.
Auch lauert hier wie sonst der Waldgott in den Büschen,
Den schönen Nymphen auf, die, wie zuvor, entwischen.
Apoll eröfnet selbst mit Panope den Tanz,
Und Myrthen schlingen sich um seinen Lorbeerkranz
O Freund, was kann uns nicht die fromme Sage lehren?
Der Pöbel hört sie nicht, und wird sie nimmer hören.
Die Muse winkt dir zu, schau, wie der Hesper glüht!
Der Abend fodert jetzt von dir ein stärker Lied.

Auf die Zurückkunft Ernst Ludwigs,
Erbprinzen zu Sachsengotha, von
seinen Reisen, 1768.

von J. F. Schmidt.

Er kömmt, der Geist von Friedrichs Volke,
Der Erbprinz kömmt, und eine Wolke
Von Jauchzenden verbreitet sich um Ihn.
So hat, als von des Tods Gefilden nach Berlin
Europens Held, geschmückt mit Lorbeern, wie-
   derkehrte,
Kaum Preussens Volk gejauchzt. Du kömmst,
   o Prinz, geschmückt
Mit Menschenlieb', und dein Gefährte
Ist Eifer um das Wohl des Vaterlands. Be-
   glückt,
Wer dir einst huldiget!

   O Prinz, du hast das Große
Der Welt gesehn; gesehn nach welchem Plan
Ein König herrscht, er sitze nun im Schooße
Des Friedens, oder geh der Krieger Heldenbahn;
Gesehn, was hier Genie, dort Kunst vermag;
   der Sitten
Verschiedenheit beym Gallier und Britten.

Doch eins vielleicht, eins hast du nicht gesehn,
Was doch vor Engelsaugen schön,
Ja, wohl vor Gott Entzückung wäre:
Ein Land, wo von des Staatsmanns hoher Sphäre
Bis zu der Niedrigkeit des Manns herab, der mit
Erborgtem Pflug sein Stückchen Saatfeld pflüget,
In aller Herzen, Gluth für ihren Fürsten glüht;
Wo jeder schnell den frömmsten Wunsch besieget,
Den sein Bedürfniß zeugt, wenn ihm entgegen steht,
Was der Regent befahl; wo kräftiges Gebet
Von vielen Tausenden, als wie aus Einem Munde,
Zu aller Zeit, auch wenn die Mittagsstunde,
Tief ins Gebein des Armen, Schrecken schlägt,
Hinauf gen Himmel steigt, und vor des Ewgen Throne
Des Fürsten Wünsche niederlegt.
Ist dir, **geliebter Prinz**, werth einer Königskrone,
Ist dir dieß schöne Land bekannt?
Und kann mein Schattenriß von diesem Land dich rühren?
Es ist, o **Prinz**, dein Vaterland,
Und du, **Glückseeliger**, du sollst es einst regieren.

Auf, sammle dir Unsterblichkeit,
Und sey, was du bisher gewesen!
Laß einst von deiner Zeit den späten Enkel lesen:
„Viel Helden gabs zu dieser Zeit,
„Die durch berühmte Menschenschlachten
„Sich zu Würgengeln Gottes machten.
„Doch lebt' auch Einer, wo die Lein',
„Ein sanftes Flüßchen, fließt, ein Fürst auf
                    Friedenstein,
„Der größer war, als alle Helden,
„Wenns auch nicht Schlachtenfreunde melden;
„Ein Held durch Frömmigkeit, durch Gnad'
                    und Edelmuth,
„Und durch verschontes Menschenblut;
„An dem sein Volk im Stillen sich erfreute,
„Des **dritten Friedrichs** Sohn, mit Namen
                    Ernst, der Zweyte.

Lied der Schnitter.

(aus dem neuen Rechtschaffenen)

von Seidel.

Auf, Schnitter, seht! das Morgenroth
Glänzt euch ins Angesicht!
Auf, seht, das gelbe Aehrenfeld
Winkt eurem Fleiſſe zu!

Kommt, jetzund geht die Arbeit friſch,
Eh noch die Sonne brennt,
Und Schweiß in unſer Antlitz gießt,
Und unſre Kräfte ſchwächt!

Schärft eure Sicheln, daß wir bald
Die Erndte niedermähn,
Und, eh der Tag den Weſt verläßt,
Weit heim auf Stoppeln gehn!

Und unter muntern Lobgeſang
Auf dich, der ſie uns gab,
Die reiche Erndte, guter Gott,
Gehn wir aufs Erndtefeld!

Gott dankend an die Arbeit gehn,
Bringt Seegen über uns,
Gießt Freudigkeit in unser Herz,
Und macht die Arbeit süß!

Dann schmeckt viel besser uns das Brod,
Und mehr erquickt der Most,
Als fremder Wein, wenn ihn der Herr
Aus goldnen Bechern trinkt.

Dann geht ein Wandrer uns vorbey,
Und horcht und bleibet stehn,
Und freut sich unsrer Dankbarkeit,
Und unsres frommen Liebs.

Und steht entzückt, und neidet uns
Um unser frohes Herz;
Dann preist er Gott, und singet leis
Uns unsre Lieder nach.

Heil unsrer Arbeit! Muthig dran,
Mit Sicheln in der Hand,
Ihr braunen Schäfer, daß der Lohn
Die Arbeit nicht verdammt!

Und auch du, der du hinter uns
Die vollen Garben bindst,
Sey nicht faul, daß der Hausherr uns
Am Abend freundlich grüßt!

Sey munter, wie die Grille, die
Frohsingend dich umhüpft,
Wenn jeder Vogel schmachtend schweigt;
Doch müßig nicht wie sie!

Und wenn ein Armer hinter dir
In Stoppeln Aehren liest,
So straf ihn nicht, so schilt ihn nicht
Vom Acker trotzig fort.

Raff' nicht karg jede Aehre weg,
Die dir nicht, ihm viel nützt!
Er sammle von dem Ueberfluß,
Und danke Gott dafür!

Lied der Erndter nach der Erndte.

von demselben.

Chor der Erndter.

Gott ist die Güte, danket Gott,
Der alles Fleisch erhält!
Dankt seiner Güte! danket Gott!
Es dank ihm alle Welt!
Preißt seine große Freundlichkeit!
Preißt sie jetzt, preißt sie allezeit!

Ein Erndter.

Herrlich sind uns seiner Güte Spuren;
Wachsthum goß er über unsre Fluren,
Daß des Sämanns Müh gerieth. —
Er rief seinem allmachtvollen Seegen,
Und er kam in Wärme, Thau, und Regen,
Und gestärkte Hofnung blüht'.

Er ließ zwar von schweren Ungewittern
Fruchtbar oft der Erde Grund erschüttern;
Doch hielt sie sein mächtig Wort,
Daß ihr Zorn die Saaten nicht verheerte,
Unser Glück und Hofnung nicht zerstörte,
Und sie eilten schadlos fort.

Eilten, trugen ihres Hagels Waffen
Ihre Fluth, womit sie Länder oft bestrafen,
Fern von unsern Aeckern hin. —
Da, da reiften sie die reichen Saaten
Uns zur Lust, zur Erndt' uns einzuladen,
Zu vielfältigem Gewinn.

Da, da reifte sie die goldne Aehre,
Neigt' ihr Haupt zur Erde für der Schwere
Ihres Seegens, den sie trug.
Da, da reifte sie zu Gottes Ehre,
Uns zum Dank. Singt ihm, gerührte Chöre,
Rühmt — ihr rühmt ihn nie genug!

Chor der Erndter.

Gott ist die Güte, danket Gott,
Der alles Fleisch erhält;
Dankt seiner Güte! danket Gott!
Es dank ihm alle Welt!
Preißt seine große Freundlichkeit!
Preißt sie jetzt, preißt sie allezeit.

Der Erndter.

Noch mehr Wohlthat, Freund', ihm Dank
zu sagen!
Wärme gab er unsren Erndtetagen,
Und der heitren Sonne Schein!

Wenn die Strahlen wärmer auf uns fielen,
Schickt' er seine West', uns abzukühlen,
Mischt' in Müh Erquickung ein.

Voll sind unsre Scheuren von den Schätzen
Seiner Güte. Mit dankbarn Ergötzen
Gehn wir heim vom Erndtefeld;
Legen unsre Sicheln frölich nieder,
Singen dir, o Gott, des Dankes Lieder,
Dessen Güte uns erhält!

Freudig sollen wir ihn dann geniessen
Diesen Schatz; auch auf dich soll er fliessen,
Armer, dem kein Acker reift!
Daß du auch dem Gott der Güte dankest,
Und in dem Vertraun auf ihn nicht wankest,
Weil dir keine Aehre reift!

Chor der Erndter.

Gott ist die Güte, danket Gott,
Der alles Fleisch erhält!
Dankt seiner Güte! danket Gott!
Es dank ihm alle Welt!
Preißt seine große Freundlichkeit!
Preißt sie jetzt, preißt sie allezeit!

Der junge Schnitter.
von demselben.

Heut sprach zu mir Agathe:
Wie bist du, Knabe, braun!
Wahrhaftig, es ist Schade,
Dich wird kein Mädchen mehr anschaun.

Sonst warst du ihr Verlangen —
Wo ist dein weiß Gesicht?
Wo sind die Rosenwangen,
Von denen oft die Käthe spricht?

Was gehst du mit den Schnittern,
Wo dich die Sonne brennt,
Du zarter? — Und mit bittern
Gelächter hat sie mich verhöhnt.

Allein ich laß sie reden,
Sie weiß nicht, was sie spricht.
Ich lache ihrer Reden,
Und bin stolz auf mein braun Gesicht.

Ich laß es gern verbrennen,
Und heiße gern nicht weiß.
Mich? Käthe nicht mehr kennen? —
Ich weiß schon, was ich weiß.

Sie sprach zu mir: du Knabe,
Du bist recht männlich schön,
Du brauner schöner Knabe,
Kaum kann ich dich genug mir sehn.

Dieß ist des Fleißes Zeichen,
Dem Fleiße bin ich gut,
Und Männern bald zu gleichen,
Ist, wenn man ihre Arbeit thut.

So sagte Käth, und blickte
Mich freundlich, freundlich an,
Daß es mich recht entzückte,
Mehr als ich es beschreiben kann.

Und jetzt bin ich, ihr Mädchen,
Stolz auf mein braun Gesicht,
Denn es gefällt dem Käthchen,
Die freundlich, freundlich mit mir spricht.

Oft seh ichs in dem Quelle,
Ob es nicht bräuner sey;
Und ists, dann lauf ich schnelle
Und geh vor ihrem Haus vorbey.

Und fleißger will ich werden,
Denn Käthe lobt mich dann,
Die schönste auf der Erden,
Und ich bin bald durch Fleiß ein Mann.

Lied eines Pilgrims,

von Krauseneck.

(aus dem neuen Sammler)

Mit schwarzer Schatten Nacht umhüllt,
In todter Einsamkeit,
Seh ich, im Geist, des Grabes Bild,
Und der Verwesung Zeit.

Nicht malt der milden Sonne Gold
Die krausen Wolken mehr;
Nicht löscht sie, tief hinabgerollt,
Der Sterne silbern Heer.

Nur Furcht und Stille herrschen hier
Im Dunkel; ihrem Reich.
Es schweigt der Sterblichen Revier,
Dem ersten Chaos gleich.

Doch — schön sind deine Schauer, Nacht,
Mir machen sie nicht bang.
Ein Seraph, welcher für mich wacht,
Beschirmet meinen Gang.

Mit treuem Fuß, mit starkem Arm
Wallt er den Weg voran.

Und wo er geht, da fliehet Harm,
Und Furcht von meiner Bahn.

Auf weiches Moos dahin gestreckt,
Im Schatten dieses Baums
Scherzt mir, von keinem Lerm geschreckt,
Die Phantasie des Traums.

Heil dir, du nachbarlicher Bach,
Der mich in Schlummer wiegt,
Du fließest, meinem Leben nach,
Still, einsam und vergnügt.

Am Morgen, wenn der Sonne Licht
Mit meinem Aug erwacht,
Dann wasch ich von dem Angesicht
Mit dir den Schlaf der Nacht.

Dann wall ich, wenn der erste Stral
Des Berges Haupt erhellt,
Hinauf durch das beblumte Thal
Durch dieses Aehrenfeld.

Und pflücke junge Blumen hie
Vom lachendem Gestad,
Und Balsamdüfte hauchen sie
Für mich auf meinem Pfad.

Herr, groß und ewig ist dein Ruhm,
Dein Name, deine Macht!
Dich lieben, fürchten, sey mein Ruhm,
Mein Lied bey Tag und Nacht!

Zu deinem Thron steigt ungesehn
Ein Wunsch durch Wolken auf;
Laß ihn nicht leer zurücke gehn,
Sprich Amen du darauf!

Sey du Gefährte, Schutz, und Licht
Auf düstrer Todesbahn,
Daß, wenn mein sterbend Auge bricht,
Mein Geist dich schauen kann.

Ein sanfter Schlummer sey mein Tod,
Und mein Erwachen dort —
Halleluja! Herr Zebaoth!
Sey dann mein erstes Wort.

Lied eines Weidmanns.

von demselben.

Nur auf! Schon blickt am düstern Himmel
Der junge Tag hervor!
Auf, Brüder, frohes Jagdgetümmel
Erfülle Wald und Ohr!

Noch schnarcht im wärmenden Gemache
Der Städter auf dem Pflaum;
Noch schwätzt kein Sperling auf dem Dache,
Noch wacht die Schwalbe kaum.

Die frühe Lerche zu erwecken
Zieht mit mir durch das Feld,
Des Rohres Donner soll sie schrecken,
Wenn es das Wildpret fällt.

Bald hüpft das Reh am Niederhange
Auf Silberthau nicht mehr;
Bald schreitet schon im stolzen Gange
Der Storch auf Sümpfen her.

Auf, auf, heut badet nicht Diane
Im silberfarbnen Born.
Befürchtet doch mit feigem Wahne
Nicht mehr Actäons Horn.

In grüner Saat, auf breiten Teichen,
Schreckt des Geflügels Heer!
Auf freier Flur, in dichten Sträuchen,
Tragt Furcht und Tod umher!

Seyd uns gegrüßt, ihr frohen Tage,
Wenn Haas und Rebhuhn stürzt;
Wenn mindre Glut der Himmelswage
Den Tag des Herbstes kürzt!

Denn da, da ziehen froh, wie Sieger,
Beladen und erfreut,
Die Jäger her, als stolze Krieger,
Die jeder Flüchtling scheut.

Da färbt ihr sterbend unsre Hände,
Bewohner in dem Wald!
Da kommt dem edlen Hirsch sein Ende
Aus schlauen Hinterhalt.

Dort schleicht durch unwegsame Haiden
Der biebsche Fuchs einher:
Sieht schlau herum, den Tod zu meiden,
Und fällt und ist nicht mehr.

Der Eber bricht mit wildem Muthe
Hier durchs Gesträuche hin:
Und stürzt und läßt mit schwarzem Blute
Die Seele röchelnd fliehn.

Wie liegt des Waldes scheuer Bürger
Mit lahmen Läuften dort!
Die langen Löffel kneipt der Würger,
Und schickt den Odem fort.

Vom Müßiggange still bewundert,
Reizt hier des Heerdes Stand;
Die bunten Pilger würgt bey hundert
Die unverdroßne Hand.

Zu Holz! — Beglückt sey Tag und Stunde
Und reichlich unser Sieg!
Schon winseln die begiergen Hunde
Und wünschen Tod und Krieg.

Frisch an! Füllt nun die Feuerröhre,
Schwingt sie ans braune Kinn!
Ergreift das Horn, blast durch die Sphäre
Das Lermen Nimrods hin!

Dann soll es frölich wiedertönen,
Wenn wir nach Hause gehn;
Dann opfern wir den Raub den Schönen;
Umsonst? — — Wir wollen sehn!

Theorie der Liebe,
von einem Ungenannten
aus dem theoretischen Jahrhundert.

Entziffert aus ästhetschen Gründen,
Worinn die Grazie besteh —
Ich kann die Grazie — **empfinden**,
Jetzt da ich meine Doris seh.

Beschreibet ihr unnennbar Wesen,
Das Glück, das sie dem Geiste giebt —
In Doris Auge kann ich lesen,
Wie zärtlich mich ihr Busen liebt.

Versuchts die Wonne auszudrücken,
Zergliedert Trieb, Gefühl und Lust —
Mein Arm umschließt sie! — Welch Entzücken!
Seht, Doris ruht an meiner Brust.

Erforscht der Götter größte Freuden —
Glaubt nicht, daß sie mein Herz vermißt.
Wie könnt ich den Olymp beneiden;
Jetzt, da mich meine Doris küßt?

Die kleine Jungfer.

(Von Bernhardi. Das einzige gute Stück aus der ganzen Sammlung dieses Verf. von Oden, Erzählungen und Briefen, das mir um seiner Naivetät willen der Erhaltung nicht unwerth geschienen hat.)

Zart an Jahren,
Schwarz von Haaren,
Dank ich, wer mich grüßt;
Roth von Wangen, schlank von Gliedern,
Fertig, Küsse zu erwiedern,
Werd' ich nicht geküßt.

Meiner Tante
Küßt Argante,
Küßt Jesmin die Hand:
Mir, wenn sie mich zehnmal grüssen,
Würdigt keiner sie zu küssen.
Welcher Unverstand!

Heißts bey manchem
Gleich: mein Hannchen,
Sind sie doch recht schön!
Sehn sie doch kaum Julchen kommen,
Als sie, von ihr eingenommen,
Flüchtig von mir gehn.

Was zu machen?
Drüber lachen,
Wird das klügste seyn.
Werd ich nur erst größer werden,
Will ich mich auch stolz gebehrden.
Manchen solls gereun!

Charin

aus dem Lateinischen des Martial.

(aus dem neuen Sammler)

Charin befindet sich vollkommen
Gesund, und ist doch bleich.
Charin hat nie im Trunk sich übernommen,
Und dennoch ist er bleich.
Charin verdaut die härtsten Speisen
Nach Wunsch: doch ist er bleich.
Charin ist oft bey Hitz und Frost auf Reisen:
Er kommt zurück, noch bleich.
Charin bemalet sich die Wangen:
Umsonst, noch ist er bleich.
Charin wird ins Gesicht mit Schimpf und Hohn
     empfangen,
Noch ist er immer bleich.

Fünf Gedichte
von Jacobi.

(Mit des Verfaßers gütiger Erlaubniß dieſer Sammlung einverleibt.)

I.
Die Cyklopen.

Nicht weit von jener Kluft,
Wo ſeine ſchwarzen Knechte Vulkan zur Arbeit ruft,
Verlor in einem Wäldchen ſich
Ein Chor von kleinen Amoretten,
Und eine Schaar von Nymphen ſchlich
Den Göttern nach zu weichen Roſenbetten.
Die Sonne, die den Sternen wich,
Verleitete die Amoretten
Zu manchem loſen Spiel,
Das, in der Dämmerung, den Mädchen nicht mißfiel.
Da ſahen ſie die Felſen glühen,
Da hörten ſie, bey ſchwerer Hämmer Klang,
Der Rieſen muthigen Geſang,
Und ſtimmten ſelbſt mit ſanften Melodieen
In ihre Lieder ein.
Den Höhlen der Cyklopen antwortete der Hain.

Cyklopen.

Wenn wir mit unverdroßnen Händen,
O Zevs, den Donnerstrahl vollenden,
Der einst aus schwangern Wolken bricht,
So laß, bey tausend Ungewittern,
Die strafbaren Palläste zittern!
Nur unsre Mädchen schrecke nicht!

Die Liebesgötter.

Für der Amoretten Heer
Schmiedet kleine goldne Pfeile,
Und vergeßt die Donnerkeile
Für den hohen Jupiter!

Die Nymphen.

Für den Gott, der gerne küßt,
Schmiedet kleine goldne Pfeile,
Aber zeigt die Donnerkeile,
Dem, der ein Verräther ist!

Die Cyclopen.

Laßt rings umher den Ambos tönen!
Ihr Brüder, denn von Göttersöhnen
Empfängt ein unerschrockner Held,
Zum Glück der Welt,
Die fürchterliche Lanze.
Wenn er, nach hundert Siegen, fällt,
Im unentweihten Lorbeerkranze,

Wenn er der Freundschaft Ketten brach;
Dann folgt in jugendlichem Glanze
Ihm jede seiner Thaten nach.

Die Liebesgötter.

Wenn ihr Amors Köcher füllt,
Wollt ihr dann auch wilde Waffen
Für den Kriegesgott erschaffen?
O zerschlaget Helm und Schild!

Die Nymphen.

Schild und Helm zerschlaget nicht!
Lasset Legionen kriegen,
Und dem Jüngling unterliegen,
Der die schönsten Schwüre bricht.

Die Cyklopen.

Uns danken Amors kleine Krieger,
Uns ehret der bestäubte Sieger;
Es brüllet unser Donner durch das Land,
Und unser Blitz erleuchtet Thal und Hügel:
Doch Werke niedrer Art entehren diese Hand!
Wozu die Schlösser und die Riegel,
Und was ein strenger Ehemann
Zu seines Weibchens Quaal ersann?

Die Liebesgötter.

Ach, wenn ihr uns Kinder liebt;
Höret auf, mit Meisterstücken
Eine Venus zu bestricken,
Die verstohlne Küsse giebt!

Die Nymphen.

Mädchen die auf dieser Flur,
Wenn sie jeden glücklich machen,
Bey der Liebe Thränen lachen,
Ueberrascht in Netzen nur!

Die Cyklopen.

Ihr Brüder, welch ein süsses Lied!
Es schallt aus jenen Finsternissen,
Eilt, eh das Nymphenvolk entflicht;
Sie sollen uns mit Küssen
In ihren Finsternissen
Das lange Tagewerk versüssen.

Die Liebesgötter und Nymphen.

Eure Riesenmädchen küßt,
Küßt die wilden Oreaden,
Weil bey schüchternen Dryaden
Nur ein Schäfer glücklich ist.
Dort am Bach, auf stillen Wiesen,
Wird von Schäfern, nicht von Riesen,
Eine Nymphe sanft geküßt.

II.
An Chloen.

Du Grazie, von der Natur
Gebildet für die Liebe,
In deinem Auge las ich nur
Die Sprache süsser Triebe.

Bey armer Schäfer Huldigung,
Bey ihren leisen Klagen,
Glich es der Abenddämmerung
Von heitern Sonnentagen.

Und o dein schönes dunkles Haar!
Wer würde nicht vermessen?
So lockt der Amoretten Schaar
Ein Wäldchen von Cypressen.

Ich wagte, selbst die Liebe sah
Mein zärtliches Verbrechen,
Den schönsten Kuß, und Cypria
Verbot ihn dir zu rächen.

Allein du willst, was Damon singt,
O Chloe, nimmer hören!
Wenn dir ein Lied mein Amor bringt,
Soll Feuer es verzehren?

Bestrafen soll der Lieder Tod
Den zärtlichsten der Hirten:
Ach, Amor höret das Gebot,
Und hohlet junge Myrthen,

Und zündet selbst es weinend an,
Das rächerische Feuer:
Zum letztenmale tönet dann
Von ferne meine Leier!

Und will noch immer deine Wuth
Das kleine Lied verderben;
So stürzt sich Amor in die Gluth,
Und wünscht, mit ihm zu sterben!

III.
An Herrn Gleim.
Halle, gegen das Ende des Aprils 1768.

Der Frühling kam hernieder,
O Freund, auf deiner Lieder
Bezaubernd süssen Ton:
Ihn trugen leichte Schwingen
Von bunten Schmetterlingen;
Ich selbst, ich sah ihn schon,
Wie Uz und Kleist ihn sangen,

Mit aufgeblühten Wangen,
Schön, wie der Venus Sohn.
Es führt, im grünen Kleide,
Die Unschuld und die Freude
Den Jüngling bey der Hand.
Bekränzet mit Narcissen
Und Veilchen, unter Küssen
Der Flora Brust entwandt.
Die Zephiretten tragen
Ihm Blumenkörbe nach;
Und wollustvolle Klagen
Hört der verliebte Tag.

Hier zeigt auf neuen Fluren,
Zertretnes Gras die Spuren
Von mancher Nymphe Kuß.
Den rauchen Ziegenfuß
Will dort ein Faun verstecken
Mit Laub aus jungen Hecken;
Doch Mädchen sehen ihn,
Und lachen laut und fliehn.
Hier tanzen Schäferinnen,
Dort eilt, mit Waldgöttinnen,
Im schnellen Phaeton
Ein Liebesgott davon.
Da werfen seine Brüder
Sich auf den Rasen nieder,
Von hundert Siegen matt;

Sie spielen mit dem Köcher,
Der keinen Pfeil mehr hat,
Und malen bunte Fächer
Für Nymphen in der Stadt:
Denn ohne Pfeil und Bogen,
Macht jede Spröde nun,
Den Frühling uns gewogen,
Wenn alle Götter ruhn.

Freund, siehst du nicht den Hirten,
Noch klein wie junge Myrthen,
Der vor Begierde glüht,
Wenn er ein Mädchen sieht?
Und Chloen dort im Thale?
Sie fühlt zum erstenmale
Den Busen, der sich regt.
Und niemand will ihr sagen,
Warum in Frühlingstagen
Ihr kleines Herze schlägt?
Ein frohes Lied zu singen,
Wenn ihre Lämmer springen,
Vergißt die Schäferinn;
Gestreckt auf Blumen hin,
Bewachet nur von Schafen,
Wagt sie nicht mehr zu schlafen:
Es könnt ein Hirte sie,
Das Mädchen weiß nicht wie,
Vielleicht im Schlummer stören:

Ihm Küsse zu verwehren
War ihre Sorge nie;
Nun aber wird dem Kinde
Schon jedes Lächeln Sünde,
Das Hirten dreiste macht.
In allzuleichter Tracht,
Will sie in sichern Auen
Dem Haine nicht mehr trauen,
Und ungewohntes Grauen
Bringt ihr die schönste Nacht.

Wir wollen sie beschleichen;
Freund, unter jenen Sträuchen
Sing ich ein Liedchen ihr
Von Amor und von dir,
Von Tugend und von Liebe;
Durch keine wilden Triebe
Verrätherisch entweiht;
Von treuer Zärtlichkeit
Die keinen Kuß bereut.
Sie lehr ich deine Lieder:
Das Mädchen singt sie dann
Dem rohen Satyr wieder,
Der nicht, wie Amors Brüder,
Unschuldig küssen kann.

IV.
An die Liebesgötter.

O! lasset euch hernieder,
Ihr, meines Amors Brüder,
Bekränzet den Altar,
Auf jenen stillen Höhen,
Wo keine Faunen gehen,
Wo leise Seufzer flehen,
Wo Nymphen, Paar bey Paar,
An Silberquellen stehen,
Und, ihren Kuß zu sehen,
Noch kein Verräther war.
Dort feiert dieses Fest,
Ihr, meines Amors Brüder,
Dort singet kleine Lieder,
Behorchet nur vom West!
In dieser Stunde gaben
Die Götter euch, ihr Knaben,
Die schönste Schäferinn:
Da lief, im Hirtenkleide,
Die unschuldvolle Freude
Zu ihrem Lager hin;
Da buhlten um ihr Herze
Die jugendlichen Scherze;
Mit stummer Wollust sah
Sie Acidalia.

Selbst Amor kam geflogen,
Entzücket stand er da;
Gelehnt auf seinen Bogen.
Und eure Schwesterchen,
Die sanften Grazien,
Die lächelten dem Kinde
Und hiessen sie Belinde.

Ein gütiger Sylvan,
Den in der Hirten Reihen
Jahrhunderte schon sahn,
Ein Freund des alten Pan,
Gieng, Blumen ihr zu streuen,
Nach tausend Schmeicheleien
Fieng er begeistert an,
Ihr so zu prophezeien:

Gespielinn der Natur,
O Schülerinn der Liebe,
Du winkst: und süsse Triebe
Beleben jede Flur.
Wenn Greise dich umringen,
Wird sie dein Blick verjüngen.
Dein blaues Auge gleicht
Den aufgeklärten Lüften,
Wenn unter Veilchendüften,
Der Lenz in Thäler steigt.
Dianens Jägerinnen

Beneiden deinen Gang.
Und alle Schäferinnen,
Und alle Waldgöttinnen
Erfreuet dein Gesang:
So hört in Rosenhecken,
Wo Grazien ihn wecken,
Der Stimme holden Ton
Cytherens kleiner Sohn.

Dich lock in seinen Wäldern
Ein wilder Satyr nie;
Nur hier auf diesen Feldern,
Hier, o Belinde, flieh
Nicht von getreuen Küssen;
Das Leben zu versüssen,
Erfand die Liebe sie!

V.
An Belinden,
Die in einem Körbchen Blumen geschickt bekam,
und über das Körbchen zürnte.

Ach, den getreuen Finsternissen
Entfliehest du, wo Damon singt?
Wie kann ein Körbchen dich verdriessen,
Das dir ein kleiner Amor bringt?

Sieh nur, mit jungen Rosenblättern
Ist meines Körbchens Rand geschmückt;
Der artigste von allen Göttern
Hat für Belinden sie gepflückt.

O frag im Thale dort Ismenen,
Die halb im Zorne noch verspricht,
Sich mit dem Schäfer zu versöhnen,
Wenn er ein buntes Körbchen flicht.

Im Korbe trug die ersten Trauben
Zu seinem Mädchen Bacchus hin:
Dann sahen die verschwiegnen Lauben
Den Kuß der schönen Waldgöttinn.

Und brachten nicht die frommen Hirten,
Begleitet von der Nymphen Schaar,
Ihr Opfer unter heilge Myrthen
Der Venus selbst, in Körbchen dar?

Poesieen
eines
Ungenannten.

Vorerinnerung.

Zwar hat Herr Ramler aus denen Gedichten, welche der ersten Edition von der Uebersetzung des Anakreon angehängt, schon sehr viel schöne ausgehoben, dennoch hat er mir noch eine angenehme Nachlese übrig gelassen; besonders verdienten die Gedichte auf den Burgunder und auf die Veilchen wieder gedruckt zu werden. In allen aber wird man die sanfte Empfindung, die Naivetät, die Leichtigkeit bewundern, die man von diesem Dichter gewohnt ist. Mit einer Menge Gelegenheitsgedichte, die in eben der Sammlung stehn, habe ich meine Leser verschonen wollen.

I.
Anakreons Vermählung.

Eines Tages kam Cythere
An dem Fuſſe des Parnaſſes
Zu Anakreon dem Dichter,
Und erſucht' ihn, ihren Knaben,
Der ſo wild, zu unterrichten.
Gleich nahm er ihn in die Lehre,
Lehrt ihn der Kamönen Künſte,
Macht ihn ſittſam und gehorſam
Gegen ſeine ſchöne Lehren;
Und gewöhnt ihn, vor den Muſen
Stets gekleidet zu erſcheinen.
Lange nachher kam ſie wieder.
Weiſer und geliebter Dichter,
Sprach ſie wenn kann ich dir geben,
Deinen Fleiß an meinem Kleinen
Nach Verdienſte zu belohnen?
Du erzogeſt ihn ſo ſittſam,
Daß ihn alle Pierinnen,
Daß ihn alle Menſchen lieben.
Möchteſt du doch ſelber ſagen,
Wie ich dich belohnen könne!
Soll ich von den Charatinnen
Dir die Artigſte vermählen?
Oder willſt du eine andre?

Er erwiederte beſcheiden,
Und mit großer Ehrerbietung:

Ach wen kann ein Weiser lieben,
Wenn er dich einmal gesehen,
Göttinn, wie ich dich gesehen! —
Sie verstund ihn, und vermählte
Sich in des Parnassus Gärten
Mit ihm in geheimer Stille.
Wenn sie badete, so hielt er
Ihren Gürtel in Verwahrung,
Wenn er dichtete, so schrieben
Ihre Grazien die Lieder,
Die sie ihn verbessern lehrte.
Amor selbst muß ihm bedienen:
Ihm den alten Bart von Silber,
Ihm die alten Locken salben;
Ihn bey holdem Sonnenscheine
An der Hand spatzieren führen;
Ihm die goldne Leier tragen;
Ihm, mit jedem neuen Morgen,
Neue Rosenkränze binden,
Und um seine Schläfe winden;
Und ihn immer treuer Lehrer
Und ihn immer Vater nennen.
Niemand wolle sich verwundern,
Daß man seine Kleinigkeiten
Annoch liest und übersetzet.
„Was die Grazien geschrieben,
„Was Cythere selbst verbessert,
„Ueberlebet alle Zeiten,
„Und bleibt ewig liebenswürdig.

II.

Alcimadure,
nach dem Theokrit.

An Madam ***

Holdseeligste, die, wenn sie spricht, entzückt,
Und, wenn sie lächelt, alle Welt erquickt,
Für welche tausend Seelen wallen,
Um dein zu seyn, und um dir zu gefallen.
Der Gott, der Psychens Anmuth dir verliehn,
Führt deine Knechte dir zum Throne hin.
Ach, möchtest du in deinen Siegesfreuden
Aus allen, welche durch dich leiden,
Den niedrigsten und treusten unterscheiden!
Ach, möchtest du den Zirkel zwar durchgehn,
Doch nur bey mir verwirret stille stehn,
Daß mich die Welt glückseelig müste nennen,
Weil sie dich säh für deinen Sklaven brennen!
Ach, möchtest du zwar taub bey andrer Liebespein,
Doch nur bey meiner nicht Alcimadure seyn!

Alcimadure war so jung und stolz, wie du;
Dem holden Amor feind, feind ihrer eignen Ruh.
Muthwillig sprang sie stets auf bunten Blumen-
fluren,
Gleich einem Füllen an dem Bach;
Und folgete des Wildes Spuren

Beim Morgenthau in dunkeln Wäldern nach.
Sie war so schnell, wie du, die Liebenden zu fliehen,
So reizungsvoll, wie du, sie stets sich nach zu ziehen.
Auch Daphnis liebte sie, Silvanders schöner Sohn,
Wie Pollux stark, voll Feuer wie Adon:
Allein sie würdiget ihn nicht, ihn anzublicken,
Noch ihm ein gütig Wort, ein Lächeln zuzuschicken:
Wohin er kömmt, da ist sie nie:
Und ist sie da, so flüchtet sie.
Je brünstiger er liebt, je mehr scheint sie zu haßen.

Der Arme will sich itzt dem Schicksal überlassen.
Sein Leben mehret seine Noth.
Sein Wunsch, sein Glück ist ein geschwinder Tod.
Noch einen Blick von ihr, und dann will er erblassen.

Er schleppt den matten Leib vor der Tyranninn Haus,
Aechzt vor der Schwelle laut, netzt sie mit tausend Zähren;
Und nur die Winde sinds, die sein Gegirre hören.
Er klopft, und niemand sieht heraus.
Sie sitzet rund, umringt von lachenden Gespielen,
Und höhnet Amors Pfeil und allgemeine Macht.

Man sieht sie mit der Hand in einem Körbchen
  wühlen,
Worinn ein düftend Heer von Wiesenblumen
  lacht,
Die sie vom Stiel mit zarten Fingern pflücket,
Und ihre Brust damit und ihre Locken schmücket:

„Alcimadure, rief der Schäfer weinend aus,
„Wie wünsch ich mir das Glück von deinem
  Blumenstrauß!
„Wie wünsch ich, darf ich nicht vor deinen Au-
  gen leben,
„Zum mindsten meinen Geist vor ihnen auf-
  zugeben!
„Ich war dir lebend eine Last;
„Bin ich dir auch im Tode noch verhaßt?
„Ja, du misgönnest mir das traurige Ergötzen,
„An deiner Göttlichkeit mich sterbend noch zu
  letzen.
„Ach, nimm zum wenigsten, wenn ich nun nicht
  mehr bin,
„Mein Haab und Gut, Hund, Heerd' und Wie-
  sen hin!
„Mein alter Vater soll auf diesen deinen Triften,
„Wenn ich gestorben bin, dir einen Tempel stiften,
„In dessen Mitte sich ein Marmor stolz erhöht,
„Auf dem dein himmlisch Bild, bekränzt mit
  Blumen, steht:

„Vielleicht wird da mein Geist dir noch vor Au-
    gen schweben,
„Da seufzest du vielleicht auf der verwaisten Trift:
„Ach Daphnis! wärst du noch am Leben! —
„Wenn du mein Grabmal siehst, mit dieser Ue-
    berschrift:
Hier, Wanderer! steh weinend stille;
Hier kam aus Liebe Daphnis um:
Es war der grausamen Alcimadure Wille —

Bey diesem Wort rührt ihn der Stahl der
    Parzen an.
Des Todes schwarze Nacht deckt seine Augen-
    lieder;
Sein matter Geist verläßt so flüchtig seine Glieder,
Daß er die Schäferinn nur halb noch nennen
    kann.

Was thut die Grausame? Sie geht aus ihrer
    Hütte,
Gleich einer jungen Braut an ihrem Fest ge-
    schmückt.
Man zeigt ihr Daphnis Leib, erzählt ihr, wie
    er litte,
Wie er erblassend noch verliebt nach ihr geblickt.
Man fleht sie, nur mit wenig Zähren,
Ihr Mitleid kund zu thun, und sein Gebein zu
    ehren.

Umsonst. Sie schweigt, und eilt mit ihrer
Schaar davon
Zu Amors Tempel hin, spricht Amorn da noch
Hohn,
Und tanzet um sein Bild mit spöttischer Ge-
behrde.
Das Bildniß schwankt, stürzt um, und schmet-
tert sie zur Erde;
Und eine Stimm erschallt, und wiederschallt
umher:
Nun liebe jedermann, die Spröde lebt nicht
mehr!

Sie steigt zum Styx hinab, und sicht auf
stillen Matten,
Wo Lethe langsam rollt, des frommen Schä-
fers Schatten;
Stutzt, findt ihn schön, und wird betrübt,
Daß sie ihn lebend nicht geliebt. —
„Ach Daphnis! ruft sie laut: du buhltest
um mein Herze,
„Und warst desselben werth; doch hab' ich dir
dies Herze,
„Ich Undankbare, nicht geschenkt!
„Empfang' es, Schönster, jetzt! Es sey mein
stolzes Wesen,
„Das dir so sehr zur Quaal gewesen,
„Ganz in Vergessenheit gesenkt;

„Weil ich durch Thränen dir, weil ich durch
eine Menge
„Getreuer Küsse dir die ungerechte Strenge
„Ersetzen will." — Sie schwieg, und fuhr zu
seufzen fort.
Er aber nahm, voll Ernst, das Wort:
„Das Angedenken jener Stunden,
„Die ich vordem gelebt, ist allbereits ver-
schwunden.
„Ob ich dich da geliebt, das ist mir unbekannt:
„Jetzt, weiß ich, lieb ich nicht. Aus diesen
stillen Gründen
„Hat Jupiter den Quell der Thränen und der
Sünden,
„Die süsse Raserey der Liebe, längst verbannt;
„Kein Frommer ist hier mehr, wie vormals,
Amors Sklave.
„Wenn ja noch jemand liebt,
„So liebt er ungeliebt, o Schäferinn! zur
Strafe,
„Daß er auf Erden nicht geliebt."
Er sprach, und wandte sich zurück und ließ sie
stehen. —

Ihr Götter! soll es einst Elviren so ergehen?

III.
An die Vögel.

Hier in Verschwiegenheit und Ruh
War dieß Gebüsch einst meine Hülle,
Und Amor blies mir Wünsche zu,
Brach nur ein leiser Kuß die Stille.
Nun aber stimmt ihr Vögel ein,
Sie lässet meinen Wunsch gelingen,
Und euer angenehmes Singen
Des holden Hymen Brautlied seyn!

IV.
Daß Laura dankbar seyn soll.

Wenn ich aufs Glück der liebsten Hirtinn trinke,
So trink ich dir, holdseelge Laura, zu.
Aus Dankbarkeit folg auch des Amors Winke,
Und sprich einmal zu meiner Seelen Ruh:
Ich trinke dirs, mein Thirsis zu,
Wenn ich aufs Glück des liebsten Schäfers trinke!

V.
Das zu große und zu kurze Glück.

Ich habe einen Kuß von Laurens Mund ge-
raubet,
Ob sie mir gleich die Hand vor meine Lippen hielt;
Ich hab im hohen Schnee der schönsten Brust
gewühlt,
Und mich glückseeliger als Könige geglaubet.

Doch meine Lust verschwand gleich einem Was-
  serschaum;
Und wie es mit mir gieng muß stets im Zwei-
  fel liegen,
Mein Glück war zwar zu groß für einen leichten
  Traum,
Ach, aber auch zu kurz für ein wahrhaft Ver-
  gnügen.

VI.
An Henriettens Bette.

Sey immer stolz, dreimal beglücktes Bette;
Du hast das Herz der schönen Henriette,
Sie ist auf dich und deinen Schmuck bedacht.
Ihr muntrer Finger eilt, auf deinem seidnen Rücken
Ein lebend Blumenfeld mit seltner Kunst zu sticken;
Mich aber nimmt sie nicht an ihrer Seit in Acht —
O Feindinn, freu dich nicht, daß mich mein
  Kind betrübet,
Daß sie sich so vertieft, beweiset, daß sie liebet;
Sieht mich ihr Auge nicht, denkt doch ihr Geist
  an mich.
Ich läugn' es leider nicht, mein Herz muß dich
  beneiden.
Allein die Hofnung winkt, die Zeiten ändern sich.
An diesem Tag bist du ein Zeuge meiner Leiden,
Doch morgen, wenn Gott will, ein Zeuge mei-
  ner Freuden.

VII.
Die schriftliche Liebesversicherung.

Dich lieb ich bis ins Grab, sprach ich zu meinem Kinde;
Auch schrieb ich, was ich sprach, auf eines Eichbaums Blatt.
Zum Unglück kam ein Sturm erboßter Nordenwinde
Der meinen lieben Baum ganz abgestreifelt hat.
Das Blatt ist nun dahin; wer weiß, wohin es fuhr?
Fahr wohl, du flüchtig Blatt, fahr wohl, getreuer Schwur.

VIII.
Nach der Tragödie des Seneca Thyest Act. 2.

Es höre, wer da will, des Glückes schmeichelnd Rufen,
Und folge seiner Hand bis an des Thrones Stufen!
Ich bin nun vom Geräusch der goldnen Ketten los,
Und flüchte, wie ein Hirsch, der Ruhe in dem Schoos;
Wo ich mich mit Verstand in einer dunkeln Ecke
Der narrenvollen Welt vor Feind und Neid verstecke.
Da leb ich wie ein Mensch und nütze meine Zeit;
Und bin mir eine Schaar in stiller Einsamkeit.

Und wenn mein Lebensbach sanftwallend ab-
    geflossen,
So fürcht ich nicht den Tod und sterbe unver-
    drossen.
Dringt gleich mein Namensruhm in kein ent-
    legnes Land;
Glückseelig, sterb ich nur, vor allen, mir bekannt.
Wird durch der Winde Hauch mein letzter Staub
    verfliegen,
Gott kennt und sammelt ihn, und das soll mir
    genügen.

IX.
An Herrn Gabriel Spitzler,
Universitätsmaler zu Halle.

Male, trefflichster der Maler,
Male mir die schönste Stunde,
Die der Parce Finger spinnet!
Erstlich male mir zur Rechten
An dem Himmel blaue Wolken,
Zwischen Wolken gleich dem Golde;
Aber noch um etwas tiefer
Einen Horizont von Rosen,
Und darunter blaue Hügel,
Welche aus dem Meere ragen.
Darauf schildre in der Nähe
Wälder, Wiesen und Gefilde,

Und auf diesen fette Heerden,
Die auf dem gesunden Grase
Sanfte wiederkäuend liegen.
Mal' auch schöne Rosenhecken,
Und dieselben voller Vögel;
Mal' auch blätterreiche Reben,
Und den anmuthsvollen Bacchus
Und den Zephir in denselben!
Mal' auch kühle Wasserquellen,
Und daneben junge Schäfer
Neben junge Schäferinnen.
Aber schildre nun Cytheren
In der Luft auf einem Wagen,
Welchen schwarze Spatzen ziehen.
Schildre auch den schönen Amor,
Der auf ihrem Schoose sitzet,
Mal' ihn, wie er Pfeile wetzet
Und auf seinen Bögen leget,
Und die scharfe Sehne spannet,
Und die braunen Schäferinnen,
Und die braunen Schäfer bändigt.
Geh und male mir zur Linken,
In der Ferne trübe Wolken;
Laß auch rothe schnelle Blitze
Durch die breiten Lüfte schimmern.
Male wie die Schwalben schwirren,
Wie die schweren Donner brüllen,
Und das Reich und Luft erschüttern.

Doch wer wollte dieses sehen?
Male lieber einen Regen
Der die Durchsicht etwas hemmet,
Und zunächst dabey die Iris
Wie sie auf den Bogen steiget
Welcher tausend Farben thauet,
Und dem sterblichen Geschlecht,
Einen kühlen Abend bringet.

X.
Thirsis im Handel mit Doris.

Th. Für einen sanften Kuß, holdseelge Schäferinn,
Will ich auf dieser Flur für dich die Lämmer weiden,
Und du spatzierst indeß ins nahe Wäldchen hin,
Und singst ein lockend Lied von Amors süssen Freuden,
Und pflückst dir Rosen ab, die an den Hecken blühn.

D. Hochweiser Thirsis, nein, ich danke deiner Müh;
Ich weide selbst mein Vieh nebst meinem treuen Hunde.
Allein, was du begehrst, die Rose pflück ich nie;
Mein Schäfer pflückt sie nur, und zwar von meinem Munde,
Doch markt er nie vorher und dennoch kriegt er sie.

XI.
Alexis und Dorinde.

A. Es reichte dir die gütige Natur
Mit voller Hand die Fülle aller Gaben:
Stand, Reichthum, Glück, der Wangen Ro=
                senflur,
Geist und Verstand, wie ihn die Götter haben.
Ich Armer, ich soll ganz enterbet seyn!
Mein Theil ist nichts, nichts oder nur das
                Leben!
Ich irre mich mein Kind, es fällt mir ein.
Du liebest mich. Was könnt' sie mir noch
                geben?

D. Ich hab in dir, dem Himmel ists
                bewust,
Mehr als den Wunsch, mehr als ich haben
                wollen.
Und liebst du mich, so seh ich stets mit Lust
Gold, Stand und Ruhm zu meinen Füssen
                rollen.
Mein Vaterland, mein König ist mir werth.
Ich folge dir, und lasse sie dahinten.
Und werd in dir, den stets mein Geist verehrt,
Mein Vaterland und König wieder finden.

XII.
Fragment eines Gedichts von der Abgötterey.

Wenn nach der Flucht der Nacht, die Sonn
　　　　im Orient
Nach Aethiopien ihr goldnes Antlitz wendt;
Und der geheime Geist in Memmons Säule spüret,
Daß ihn der helle Stral des großen Lichtes
　　　　rühret:
So steigt aus seinem Schoos, als wie ein fei-
　　　　ner Duft
Ein liebliches Getön in die bewegte Luft.
Gleich wacht das schwarze Volk das an dem
　　　　Nilstrom lebet,
Der süsse Schlaf entweicht, der über ihn ge-
　　　　schwebet;
Sein brauner König selbst springt, daß der
　　　　Palmbaum wankt,
Aus seinem leichten Netz, das an zwo Aesten
　　　　schwankt,
Herunter auf den Sand, und leget seine Lieder
Dem Gott, der ihn geweckt, vor seine Füsse nieder.
Indeß daß der Brachmann, das Rauchwerk in
　　　　der Hand,
Den höhern Gott verehrt, der ihn so schwarz
　　　　gebrannt;

Und der gemeine Mohr voll Furcht an dem Ge-
       stade
Dem Krokodille dient, damit es ihm nicht schade.
Unseliges Geschlecht, wie blindlings rennst du zu,
Und betest Wesen an, die minder sind, als du!
Du selber sagst: Gott sey das Größeste zu nennen;
Wie wirst du denn ihm gleich noch zween finden
       können?

XIII.
An Amarillis.

Geliebte Schäferinn, mein Herze muß dich
       lieben.
Kann dies Geständniß dich, so lang es währt,
       betrüben,
So wird dich weder Wald noch Heerd noch Tanz
       erfreun,
So gehst du lebenslang betrübt in Feld und
       Hain.

Wenn dieses Sünde ist, dein Antlitz gern zu
       sehen,
So muß ich, Schäferinn, so muß ich dir ge-
       stehen
Daß ich des Todes Raub viel eher wollte seyn,
Als diese böse That, wie Sünder thun, bereun.

Die Schönheit, die du trägst, ließ mich in
    Fesseln schlagen.
Was konnt' ich minder thun, als dieses dir zu
    klagen?
Dein Auge und mein Mund thun beyde ihre
    Pflicht,
Dies setzt mein Herz in Brand, und dieses seufzt
    und spricht.

Verzeih mir, daß mein Mund, ich liebe dich,
    gesprochen,
Mein Herz soll dir verzeihn, was du an ihm
    verbrochen,
So lasterhaft bin ich, so lasterhaft bist du,
Die Liebe deckt allein der Sünden Menge zu.

Ihr zarter Finger hat in unser Herz ge-
    schrieben,
Was liebenswürdig ist, muß jedes von uns
    lieben.
Die Schönheit gab sie dir, daß ich dich lieben
    muß,
Daß du mich wieder liebst, gab ich dir diesen
    Kuß.

XIV.
An dieselbe.

Hier saßen wir beysammen
Am kleinen Wasserfall,
Und klagten unsre Flammen
Dem Teiche, Busch und Thal.
Die Blume vor den Füßen,
Wo Amarillis saß,
Ward von den Thränengüßen
Aus unsern Augen naß.

Da drückt ich ihr mit Schmerzen
Das nie berührte Knie,
Warf voller Glut im Herzen
Den trunknen Blick auf sie,
Und sprach mit leisem Tone:
Der Himmel seegne mich,
Und gebe mir zum Lohne
Kein ander Kind, als dich!

Geliebter, sprach die Schöne,
Du liebest mich zu stark;
Und jede heiße Thräne
Von dir bringt mir ins Mark.
Mein Herz war längst das deine,
Häng ihm nur brünstig an,
Und weine, wie ich weine,
Weil ich nichts weiter kann.

Was hören meine Ohren?
Fuhr hier der Dichter fort,
Mein Kind, hast du geschworen,
So glaub ich deinem Wort.
Du weinst, und sprichst: ich liebe;
Und sagst es nicht im Traum?
O großmuthsvolle Triebe!
Mein Geist begreift sie kaum.

Der Vogel, der so kläglich
Dort im Gebüsche girrt;
Die Schlange, die beweglich
Hier durch die Blumen irrt;
Die Schleuse, wo wir sitzen,
Wo uns kein Ohr belauscht,
Aus deren schmalen Ritzen
Das Wasser schießt und rauscht:

Die alle sollen reden,
Wenn du Geliebte schweigst;
Wenn du im Schwarm der Spröden
Dich als Gefährtinn zeigst.
Wirst du mich laulicht hassen,
Soll jede Kreatur,
Den Schwur erschallen lassen,
Der dir allhier entfuhr!

Drum Amarillis kränke
Den frommen Thirsis nicht!

Sey zärtlich und bedenke
Wie ihm so weh geschieht.
Nichts bleibt ihm ja auf Erden,
Geht deine Huld ihm ab,
Als trauernde Geberden,
Und nach dem Tod ein Grab.

XV.
An Doris.

Ich will von meiner Doris singen,
Doch nur mein Herze singt von ihr.
Mein Lied soll dieses Thal durchdringen
Wie seelig, wär ich, wär sie hier!
Sie wüsche mir vielleicht die Wangen,
Und säh mich seitwärts zärtlich an,
Und hülf mir, wenn ich angefangen
Und schluchzend nicht mehr weiter kann.

Doch nein, sie liebt mich nicht von Herzen,
Sie liebt mich nur ins Angesicht,
Und macht mir ungezählte Schmerzen,
Und stellt sich doch als wüst sie's nicht.
Ihr Trostwort, wenn ich mich betrübe,
Ist dies: o Hirt, ich bin dir gut!
Doch spräch sie dieses Wort aus Liebe,
So fiel mir nicht mein Schäferhuth.

Sie suchet sich niemals zu schmücken,
Und ist doch stets so schön geschmückt;
Und selbst die Götter zu entzücken
Durch ihrer Glieder Glanz entzückt.
Die Schäferinnen dieser Auen
Begehren oft vom Pan im Hain,
Wenn sie die holde Doris schauen,
An Reitzungen ihr gleich zu seyn.

Vor diesem sucht ich Ehr und Glücke,
Und liebte das Geräusch der Stadt.
Nun wünsch ich mir von dem Geschicke
Ein Land, das keine Menschen hat;
Nur unwüstbare Wüsteneien,
Die nie der Sonnenstral berührt.
Da dünkt mich, wollt ich mich erfreuen,
Wird Doris nur darinn verspürt.

Drum schwimmt mein Geist in süssen Freuden
Wenn ich im Traume bey ihr bin.
Wer aber malt mein grausam Leiden,
Seh ich sie höhnisch vor mir fliehn?
Alsdenn empfind ich schwere Zeiten,
Denn girr ich wie ein Tauber girrt,
Und frage Busch und Einsamkeiten
Wenn Doris wieder kommen wird.

Ach Quellen, die mich oft gelabet,
Ach Fels, ach Busch, ach traurigs Thal,

Wenn ihr die Doris bey euch habet,
So gebt und schenkt mir sie einmal!
Zeigt mir die Tritte ihrer Füsse,
Den Klee, auf welchen sie sich warf,
Daß ich doch ihre Spuren küsse,
Weil ich sie selbst nicht küssen darf!

Erinnre mich, geliebt Gefilde,
An jene Freude in dem Graß,
Und zeig mir noch einmal im Bilde
Wie ich an ihrer Seite saß,
Wie unsre Thränentropfen flossen,
Wie sie den theuren Eid gethan,
Und ich recht zwischen Myrth und Rosen
Die erste Gunst von ihr gewann.

Ach zwischen Birken, Eich und Buchen,
Auf wilden Höhen, wie im Thal,
Im öden Feld will ich sie suchen;
Voll Schwermuth, Traurigkeit und Quaal!
Durch Flüß und Seen will ich schwimmen,
Durch dunkle Kluft und Höhlen gehn,
Auf wolkenhohe Felsen klimmen,
Nur meine Doris auszuspähn.

Und kommen einst die süssen Stunden,
Die Stunden voller Heil und Glück,
Da ich mein zartes Lamm gefunden,
Dann laß ich sie nicht mehr zurück.

Dann wird der Himmel sich erbarmen,
Und gönnt mir mein geliebtes Kind,
Bis man uns beyde in den Armen
Dereinst zugleich entseelet findt.

XVI.
Die deutschen Liederdichter.

Die Muse hat in Beßers Rohre
Die Einfalt der Natur geehrt,
Die Zärtlichkeit der *) Leonore,
Ist der erhabnen Sappho werth.

Ihr braunen Schäfer bey den Schaafen,
Der sittsame Philander spielt.
Ihr nickt, und drohet einzuschlafen,
Weil ihr der Griechen Kunst nicht fühlt.

Ich liebe Königs sanfte Lieder,
Wie dort den Emicus Virgil.
Er hebet niemals sein Gefieder,
Dieweil er niemals fallen will.

Der Schwan von Striegau hat die Lüfte
Mit einem kühnern Schwung erreicht!
Sein feurig Lied haucht Liebesdüfte,
Erröthet Nymphen, oder fleucht!

*) Eleonore die Betrübte ꝛc.

Doch Hamburgs Waller muß gewinnen;
Der der Satire Pfeile wetzt,
Und die holdseelgen Huldgöttinnen,
Aus Griechenland zu uns versetzt.

Selbst Venus Hand, die seine Saiten
Mit feiner Harmonie belebt,
Hat ihres Gürtels Lieblichkeiten
In seine Liederchen gewebt.

Sein Sitz ist auf den Rosentriften
Beym zärtlichen Anakreon.
Einst hört auch Gleim, noch in den Grüften,
Der seine sey nicht weit davon.

Philinde, Meisterinn im Scherzen,
Werd ich einst unten hin gestellt,
Ist nur ein Platz in deinem Herzen
So ists der höchste Platz der Welt.

XVII.
Auf den Burgunder.

Der war gewiß ein frommer Mann,
Den Jupiter so lieb gewann,
Daß er ihm diesen Weinstock schenkte,
Ihn selbst in seinen Garten senkte,
Und voller Purpurtrauben henkte.

Der Luna Horn muß ihn bethaut,
Und Phöbus huldreich angeschaut,
Autumnus Werkzeug selbst umgraben,
Und vor den Staaren und den Raben
Priapus Spieß geschützet haben.

Das war gewiß Dianens Hand,
Die mit dem Ulmbaum ihn verband,
Und ihren Seegen auf ihn legte,
Weil sie sein Laub zu schützen pflegte,
Wenn sie den schönen Jüngling hegte.

Eh Peleus in der ersten Nacht
Der Braut den Gürtel losgemacht,
So fehlte bey dem prächtgen Feste,
Zu der Bewirthung seiner Gäste,
Der Nectartrank; das allerbeste!

Sogleich sprach Zevs zur Götterschaar:
Wir trinken Nectar Jahr für Jahr
Seitdem wir in den Wolken leben;
Nun sollen einmal irrdsche Reben
Unsterblichen ein Labsal geben.

Er schüttelt sein allmächtig Haupt;
Gleich steigt der edle Stock belaubt,
Mit schlanken Aermen in die Lüfte,
Verbreitet holde Frücht und Düfte,
Daß er den Ruhm des Meisters stifte.

Fahrt hin, fahrt hin, rief Cypria,
O Nectar, o Ambrosia,
Euch so vermissen heißt gewonnen!
Es lebe Zevs, der nach der Sonnen
Noch nie ein schöner Werk begonnen!

Sie streckt die Finger lüstern hin,
Die schöne Frucht an sich zu ziehn,
Pflückt ab und ritzt den Arm im Klauben.
Seit diesem purpern sich die Trauben,
Als wie der helle Hals der Tauben.

XVIII.
Laura oder die Liebe.

Ich fühle einen neuen Trieb,
Seitdem ich mit dem Daphnis weide,
Mein Schäfer nennts nur eine Freude,
Und wär es wahr, so wär's mir lieb.
Doch die dies Wesen besser kennen,
Die wollens lieber anders nennen.

Zwar kenn' ich einen alten Mann,
Der vieles weiß, den könnt ich fragen.
Allein mein Schäfer pflegt zu sagen
Was geht dies alten Gecken an?
Und was mein lieber Schäfer saget,
Das thu ich, eh er sich beklaget.

Der Doris sag ich keinen Dank,
Die will es eine Krankheit heißen,
So müßt' ich ja der Welt beweisen:
Die Laura sey beständig krank.
Jedoch, man heiß es wie man wolle,
Ich rathe, daß mans suchen solle.

Mein Schäfer hat es auch gesucht;
Was wissen Schäfer nicht zu finden?
Er fands bey mir an einer Linden;
Die Linde trug zwar keine Frucht,
Doch hat mein Schäfer oft gesprochen,
Daß er daselbst was abgebrochen.

An dieser Linde gab er mir
Zween heisse Küsse auf die Wangen,
Und that als wär er weggegangen,
Und blieb doch da und gab mir vier,
Und als ich bey dem fünften schmälte,
Geschahs daß er den sechsten zählte.

Und dieses that er unbefragt,
Doch feurig rauschend und manierlich,
Wie Spatzen heiß, wie Tauben zierlich,
Biß daß ein Kuß den andern jagt',
Und auch die Menge so verwirrte,
Daß ich im Zählen stritt und irrte.

P.

Seit diesem fühl' ich einen Trieb,
Daß ich mich gern mit Küssen weide.
Mein Schäfer nennt es eine Freude,
Sie ist es auch, und ist mir lieb.
Die aber, die es besser kennen,
Die werdens lieber Liebe nennen.

Man nenn es aber, wie man will,
Genug, es kömmt von meinem Hirten.
Wollt er mich öfters mit bewirthen,
So könnt es seyn, ich halt ihm still.
Zwar geb ichs nicht, wenn er befiehlet,
Doch laß ichs ihm, wofern er stiehlet.

XIX.
An die Veilchen.

Geliebte Kinderchen! die hier zu meinen Füssen
Aus feuchtem schwarzen Grund, von Thau er-
　　　　zeugt, entspriessen;
Ihr Veilchen, groß von Geist, wiewohl von
　　　　Körper klein,
An Glanz und Farben reich, doch sittsam und
　　　　gemein,
Ihr sollt mir heut ein Bild belohnter Tugend
　　　　seyn!
Ihr wohnt in einsamen und schattenreichen
　　　　Gründen,

Sucht weniger, die Welt, als euch die Welt, zu finden;
Ihr schmückt, wie Tulpen, nie ein prächtig Freudenfest,
Und selten küßt euch nur ein schmeichlerischer West.
Bisweilen läßt sich zwar mit gaukelndem Gefieder
Der bunte Schmetterling verbuhlet bey euch nieder,
Doch winkt die Rose nur, so eilet er von euch,
Sagt ewig lebewohl, und flattert ins Gesträuch.
Kein Mensch, um euch zu sehn, irrt zwischen diesen Buchen,
Wohl tausend loben euch, nicht einer mag euch suchen.
Ihr habt ein gleiches Glück mit Tugend und Natur,
Die rühmt der Philosoph, die malt der Maler nur.
Doch dieser, so wie der, verlieren ihre Spur,
Wenn sie von beyder Bahn sorgfältig ausgeschritten,
Der in der Schilderey, und der in seinen Sitten.
Seyd drum nicht misvergnügt, weil euch der Nordwind drückt,
Und euer zartes Haupt so tief zu Boden drückt.

Müßt ihr gleich unterm Schnee in kalten Thä-
  lern wohnen,
Der Himmel findet euch, und weiß euch zu be-
  lohnen.
Es steigt nach euren Tod ein honigsüsser
  Duft
Aus eurem Staub hervor, und füllt die weite
  Luft.
Hierinnen hat euch Gott Unsterblichkeit ge-
  geben,
Nicht ohne Nachruhm noch, wenn ihr verwelkt,
  zu leben.
Und weil jedwedes Ding, nach seinem festen
  Schluß,
Am Ende seines Ziels, dem Schicksal folgen muß;
So soll euch doch im Tod ein Glanz von Ehre
  krönen,
Und nichts Unwürdiges im Sterben noch ver-
  höhnen.
Euch soll vergönnet seyn, was jeder Dichter preist,
Wornach der Weise strebt, wornach der Thor
  sich reißt,
Was ich, und jeder Held mit Blut sucht zu er-
  werben —
Auf Phillis Liljenbrust nicht unbeneid't zu sterben.

XX.
An Philinden.

Geliebtes Weib und der Dione,
An Leib und Geist der deutschen Schönen Krone,
Die ehemals das artige Paris
Als Lehrerinn der feinsten Wolluft pries.
Es gaukelten, zu jenen silbern Zeiten,
Die Grazien vereint an deiner Seiten;
Des Lächelns Gott, der muntern Freude Schaar,
Die boten sich dir zu Gefährten dar;
Sie lehreten, Philinde, dich vor allen,
Die seltne Kunst in Frankreich zu gefallen.
Was Cypriens erwünschter Gürtel beut,
War über dich an Anmuth ausgestreut;
Der Götter Schaar, die dich, mein Kind, er-
     zogen,
War nicht so sehr Pandoren einst gewogen.
Wird noch einmal, auf Idens grünen Höhn,
Der Phrygier vier Schönen nackend sehn:
So wird er dir den Apfel zugestehn.
Anakreons anmuthige Kamöne
Verließ vordem die helle Hypokrene,
Den alten Sitz, den heilgen Lorbeerhain,
Zunächst bey dir noch mehr beglückt zu seyn.
Da schrieb sie auf, am kühlen Strand der Seine,
Mit spitzem Gold, auf zartem Helfenbeine,

Manch kluges Wort, das dir an Ludwigs Hof,
Wie Honigseim, von deinen Lippen troff,
Und wie ein Pfeil, geschicklich zugespitzet,
Durchs Ohr gesaußt, und sanft das Herz geritzet;
Manch holdes Kind durch deinen Witz erzielt,
Das jedermann gern für das Seine hielt;
Im Scherz erzeugt, gebohren ohne Wehen,
So bald geliebt, so bald man es gesehen.
Vergnügungen, die wir damals geschmeckt,
Auf sanftem Moos nachläßig ausgestreckt,
Vergnügungen voll wollustreicher Stunden,
Warum seyd ihr so schnell, so schnell ver=
    schwunden?
Ich Armer, ach! ich sah den Liebesgott;
Verzweiflungsvoll, und blasser, als der Tod,
Den Augenflor vom Antlitz weggerissen,
Voll Gift und Zorn bey strengen Thränengüssen;
Sonst lauter Huld, jetzt lauter Rach und Wut:
Gleich wie ein Schwarm gereitzter Bienen thut,
Sie sammeln sich, sie klingen mit den Flügeln,
Sie sumsen schon, bereit sich aufzuwiegeln;
Der Ackersmann, der ihre Waffen kennt,
Spannt aus dem Pflug und kommet heim ge=
    rennt:
So fürchterlich sah ich sein Auge lobern,
Das sonst nur schien zum Küssen aufzufodern.
Er schlenkerte, mit Fluchen, in den Sand
Den schönen Kranz, der seine Locken band;

Des Köchers Gold, der seine Schultern
schmücket,
Lag umgestürzt, und jeder Pfeil zerstücket.
Nach jener Trift, durchschlängelt von der Aar,
Warf er voll Grimm die funkelnd wilden Blicke,
Und foderte vom grausamen Geschicke
Für mich, für sich, für aller Götter Schaar,
Dich, schöne Frau, die seine Schwester war,
Und er geliebt, mit Ungestüm zurücke.
Du gleichest ihm, Philind' an Ungemach,
Ach folg ihm nicht auch an Verzweiflung nach!
Du kannst jetzt nicht auf frischen Blumenheiden
Dein schmachtend Aug am holden Jüngling
weiden,
Den du geliebt, der oft, entzückt im Graß,
Von dir umhalst, sein Vaterland vergaß.
Es irrt sein Fuß in unwirthbaren Ländern,
Er ändert sich, du mußt dich mit ihm ändern.
Ach, wickle dich vergnügt bey dir allein
Dir selbst genug in deine Tugend ein!
Versüsse dir des flüchtgen Lebens Kürze
Durch griechisch Salz, durch attisches Gewürze!
Sey als ein Held auf jenen Stab gestützt
Den zu Athen Aristens Sohn geschnitzt!
Füll deinen Kelch, wenn Stand und Zeit es leiden,
Bis an den Rand mit süssem Wein der Freuden!
Und folge bald, gelenkt durch die Natur,
Dem Sokrates und bald dem Epikur!

Ein Steuermann, ein Meister blauer Wellen,
Verläßt den Strand, wenn seine Seegel schwellen.
Er sieht erfreut die Luft gestirnet stehn,
Und Süd nnd West nach seinen Wünschen wehn;
Und wenn Neptun im tiefen Abgrund stürmet,
Und Flut auf Flut und Well anf Welle thürmet,
Wenn Eurus Heer mit vollen Backen saußt,
Und Thetis Reich bis ans Gestade braußt:
Kann er durch Kunst der Götter Jähzorn lachen,
Des Dreyzacks Schlag durch Klugheit kraftlos
    machen.
Mit edlem Stolz sieht er am Steuer zu,
Betrügt den Wind, findt im Getümmel Ruh,
Und müd, sein Schiff vom Felsen abzulenken,
Läßt er zuletzt den treuen Anker senken.
So trotze du, mit einem stählern Sinn,
Des Glückes Stern, der dir sonst heiter schien.
Häng deinen Kopf nicht lächerlich zur Erden,
Und laß dein Haus Minervens Tempel werden!
Der schwarze Gram, die träge Schläfrigkeit,
Die Eulenbrut, die Tag und Sonne scheut,
Im öden Land der Einsamkeit gehecket,
Hat schon zur Flucht den Fittich ausgestrecket;
Sie stürzet sich in Tellus ofnen Mund,
Die Erde seufzt und schliesset ihren Schlund.
Wen seh ich dort die Lüfte fliegend theilen,
Und ofnen Arms nach deinen Armen eilen?
Gleichgültigkeit, die stets dieselbe scheint,

Sinngedichte
des Herrn von Thümmel.

(Mit des Verfassers Bewilligung aus dem Götting. Almanach genommen.)

I.
Der Zweifler.

Die beste Weisheit ist, nach der die Zweifler
trachten:
Mir schenkt sie wenigstens den wichtigsten Gewinn.
Ich bin nicht mehr so stolz die Thoren zu verachten,
Seitdem ich zweifeln muß, ob ich ein Weiser bin.

II.
Die Reise.

Der junge Hans verreist — Ihr fragt,
wohin es geht?
Von Leipzig nach Lyon, von da — ins Lazareth.

III.
Auf eine deutsche Dichterinn.

Ein güldnes Saitenspiel entfiel Apollens Hand,
Es tönte durch die Luft noch dreimal, und verschwand.
Von dem Olymp beklagt sieht Amor es verschwinden,

Fliegt nach, durchsucht die Welt, und weint,
 und kanns nicht finden.
Der himmlische Verlust lag in bemooſten Gründen,
Wo Phillis weidete, die ungeſucht es fand.

IV.

Bitte eines Liebhabers an ſeine junge Geliebte, mit der er ſchon einige Zeit verſprochen war.

Du übertreibſt, o Freundinn meiner Jugend,
Den Reitz der Schaam und Sittſamkeit,
Und in dem Fieber deiner Tugend
Betrügſt du dich um Glück und Zeit.
Wie lange willſt du noch, wie lange
Das treuſte Band der Ehe fliehn,
Und mir zur Qual, im kurzen Uebergange
Vom Fräulein bis zur Frau — verziehn?
Du hörſt mich nicht? Geliebteſte! ſo höre
Doch deiner erſten Mutter Rath.
Sie, die das Maas der jungfräulichen Ehre
Am richtigſten gemeſſen hat;
Als ſie der Herr, mit jedem Reitz umgeben,
Der dich jetzt ſchmückt, ins Leben rief,
Bewahrte ſie dies jungfräuliche Leben
So lange nur, als Adam — ſchlief.

V.
Das richtige Sinnbild.

Cotill, der uns so oft mit seinen Schriften sträft,
Cotill läßt sich ein Petschaft fassen;
Das Sinnbild seiner Autorschaft!
Das, denkt er, müsse artig lassen.
Er schlägts dem Künstler vor, der wagt es zu versprechen,
Geht voll Erfindung fort, und sticht, was er erfand;
Was konnt er auch wohl anders stechen? —
Ein Schreibezeug und eine Hand.

VI.
Der Heldentod.

Columnus starb als Held, hört was er überwand:
Durch Laster sein Gefühl, durch Bosheit den Verstand.

An ein Fräulein,
bey Ueberschickung der Wilhelmine.

In einem Städtgen voller Zwang,
Den Sitz verjährter Kleinigkeiten;
Wo Lust und Scherze zu verbreiten
Es keinem Dichter noch gelang,
Wagt ich's, aus Einsamkeit, und sang.

Der Gott der über alle Herzen
Mit unumschränkter Macht, früh oder spät, regiert,
Der, im Gefolg von leichten Scherzen,
Bald Helden, bald Pedanten führt;
Der Gott der Jugend und der Liebe,
Und Herr der freudigsten Natur,
Den ich dir gern, nach meinem Triebe,
So reitzend wie er ist beschriebe,
Erlaubte mir dein Mund es nur;
Der war es, der mir Lust und Feuer
Zu diesem Heldenlied verlieh.
Er zeigte mir ein Abentheuer,
Ich spielt es kühn auf meiner Leyer,
Und ohne Kunst und ohne Müh,
Zum Spotte der Pedanterie.
Doch hab ich auch erhabnre Thoren,
Schön, reich, geputzt und hochgebohren,
Die Lieblinge der großen Welt,

Dem schwarzen Helden zugesellt,
Den ich zum Gegenstand erkohren.

Und so entstand dieß lachende Gedicht;
Ich übergabs der Welt, und untersuchte nicht
Ob ich auch Dank dafür verdiene.
Belohnest du es nur mit einer frohen Miene,
Du, meine Freundinn, die der jüngsten Muse
gleicht,
So ist mein ganzer Wunsch erreicht.

Gedichte

von
Joh. Dieder. Leyding.

(Seine Lieder und Scherzgedichte Altona 1756 sind eine solche Mischung von guten, mittelmäßigen und schlechten Poesieen, daß ich dem Verfasser selbst keinen unangenehmen Dienst zu leisten glaube, wenn ich hier eine kritische Scheidung vornehme.)

I.
Bittre Klage.

(Drey verschiedne Briefe brachten zugleich mit einer Post die Nachricht von dem Tode der Gemahlinn, der Maitresse, und des geliebten Pferdes.)

Mein Mädchen, Pferd und Weib — die alle sind verloren?
Ach! — Doch — bedenk ich's recht, wozu der Mensch gebohren —
Wie froh bin ich, daß mir nichts ärgers widerfährt!
Mein Weib war zänkisch, grob, und häßlich von Gestalt;
Mein Mädchen mager, und fast alt —
Wie dauert mich mein Pferd!

II.
Der Wunsch.

Du volles, glühendes, und steifes Amts-
....gesicht,
Das ohne Wort und Laut, wie ein Orakel,
....spricht,
Ehrwürdger, hochgewölbter Bauch,
O hätt ich dich doch auch!

Verzeih es mir, du heilger Müßiggang!
Einst wünscht ich Ehre, Ruhm, und Rang;
Jedoch, seitdem ich dich in deiner Pracht gesehn,
Ist mir kein ander Ansehn schön.
Wie haß ich nun der Arbeit strengen Zwang!
Wie wird mir beym Geschäft nicht schon die Zeit
....so lang!
Und werd ich künftig noch um schwere Bürden
....flehn?
O nein! für mich sey immer kein Mäcen!
Jetzt ruf ich blos den Halbgott an,
Der mich zum Domherrn machen kann.
Beneid ich dann jemals der Ehre schmalen Gast,
Dann, Brüder, stoßt mich gleich von des Ka-
....pituls Mast;
Und zeig ich je Verstand und Witz,
Erklär ich euch der Sterne Lauf und Sitz,

Wie der Pedant Kopernikus;
Dann sage mir der Spötter zum Verdruß:
Ich kennte nicht, wie Bruder Fritz,
Den weichsten Polstersitz.
Zwar fehlt mir noch vom Wein ein glänzend
      roth Gesicht,
So wie dem engen Bauch manch köstliches Ge-
      richt,
Den Beinen Podagra und Gicht;
Doch glaub ich, stimmte nur auch das Kapi-
      tul ein,
Ich könnte gleich Decanus seyn.
Denn, wann ich nun genug am vollen Tisch
      gewacht,
Verschlief ich eine lange Nacht,
Und würde jeden Tag so recht prälatisch ruhn,
Um an den andern nichts zu thun.

III.
Die Jungferschaft der Musen.

Das glaub ich wohl, spricht Grill, der in
    dem Orden
Der Dichterzunft noch nicht sehr reich geworden:
Die Armen, ach, sie wären längst vermählt,
Hätts ihnen nicht am Heirathsgut gefehlt!

IV.
Der Affe und Matz der Reimer.

Ein Affe sah, ich weiß nicht wo,
Des Orpheus schwere Leier liegen.
Wie ward der kleine Affe froh!
Ach Bruder, sprach er, voll Vergnügen
Zu seinem Affenbrüderchen,
Hilf mir, so soll man Wunder sehn!

Der Bruder leiht ihm brüderlich
Die kleine hülfbegierge Pfote;
Dann ruft der Leirer: Höret mich,
Und alles sey mir zu Gebote!
Du Fels und Wald, noch liegt ihr still;
Doch alles tanzt, so bald ich will.

Er stimmt. Der Bruder hüpfet schon.
Ein Affe stimmt? Er hats gesehen.
Er leirt. „Ach Bruder, welch ein Ton!
„Ich tanze, wer kann jetzt nur gehen?„
Er tanzt, weil es sein Orpheus will,
Und Fels und Wald die liegen still.

So sah einst Matz von Bohnenstroh
Voltairens Henriade liegen.
Schnell ward das Versemännchen froh;

Ach Stentor sprach er voll Vergnügen,
Ach Stentor Herzensbrüderchen
Hilf mir, so soll man Reime sehn.

Sein Stentor leiht ihm brüderlich
Die schnellen reimbegiergen Hände;
Dann ruft der Schreier: Höre mich!
Jetzt geht dein langer Hohn zu Ende:
Jetzt Deutschland hörst du ein Gedicht,
Wovon der Enkel Enkel spricht.

Matz sinnt, und Stentor fühlet schon.
Ein Reimer sinnt? So! um zu sinnen.
Matz krächzt. „Ach Bruder, welch ein Ton!
„O das muß jedes Herz gewinnen!„
Er jauchzt, je mehr sein Maro dehnt,
Und Deutschland? Nun — und Deutschland
    gähnt.

V.

Die Schöne.

Welch himmlich Auge! Welch ein Blick!
Schenkt uns ein Gott mehr, als Helenen?
Natur, dies ist dein Meisterstück!
Was gleichet dieser Schönen?

Wie vielen Liebreitz zeigt sie nicht!
Welch edle Ordnung in den Zügen!
Wie lächelt sie! St! Horcht! Sie spricht — —
O hätte sie geschwiegen!

VI.
Eines erlösten Ehemanns Glaube
und Trost.
(nach dem Quevedo.)

Nun glaub ich es, und habe keinen Zweifel:
Mein Uebel kam von dir, verdammter Teufel!
Wie ward mir sonst dies böse Weib,
Die Folterbank für Seel und Leib,
Wenn du mich nicht an sie gekettet?
Jetzt, da der Himmel mich errettet,
Bevor ich ganz verloren bin,
Jetzt, Teufel, nimm sie wieder hin,
Und laß dir dies von mir versprechen:
Sie wird mich sicher an dir rächen.

VII.
Mirsilis.

Er ist nun einmal so, der kleine Mirsilis,
Geschwätzig, gaukelnd, unbesonnen;
Der Liebe ist dies keine Hinderniß,
Und er hat manches Herz gewonnen.

„Vielleicht gab die Natur ihm wohl nicht viel
                           Verstand?„
O, die Natur war hier dein Urtheil nicht ge-
                           wärtig!
Sie ist nicht schuld: Er sprang aus ihrer Hand;
Denn zum Gehirn war erst der Kasten fertig.

VIII.
Thraxens Gelübde.

Umsonst beutst du der Gottheit Gaben an,
Und suchst der Rache Arm zu lähmen:
Thrax! schämt sich doch ein braver Mann,
Von einem Schelm Geschenke anzunehmen.

XI.
Fragment eines Gesprächs.

Auch nicht vier Gulden? Nicht? Gestehen
                           sie einmal,
Mein Herr, daß ich es leidlich mache!
Madam — vielleicht — jedoch es ist nicht
                           meine Sache:
Die Zinse übersteigt sehr weit das Kapital.

Ein Gedicht

von

Dreyer.

Vorerinnerung.

Dreyers Athem war zu schwach, um längere Gedichte zu unternehmen, es müsten denn burleske Satiren gewesen seyn; und auch hier ermüdete er bald, wie folgendes Gedicht beweisen kann, das bey mancher schönen Stelle auch viel Geschwätz enthält. Die Pointe ist ganz in Dreyers Geiste.

Das Grab
des
todtgebissenen Pratje
der
in der Liebe sich verirrt
besingt
ein ungekrönter Dichter
der
auch einmal begraben wird.

(Dieser Hund ward von stärkeren Hunden in einem Liebeshandel zu todte gebissen. Sein Herr, welcher auf seinen Namen tausend Thaler aus der Lotterie gewann, ließ ihn ordentlich begraben, und ersuchte mich ein Karmen auf ihn zu machen

Dreyer.)

Poeten schreibt für Ewigkeit und Geld,
So lang ihr könnt, so viel euch selbst gefällt,
Stimmt, singt, und heult, und macht mit
                manchem Liede
Euch selbst den Hals, und uns die Ohren müde;
Den Weihrauch, der doch etwas kosten soll,
Den streuet ihr bey ganzen Fäusten voll,
Und erndtet doch — die Zeit wird immer böser —
Dukaten nur, fast nie Portugaleser.
Oft spielt bey Tisch ein armer Musikant,
Ein Teller geht alsdenn von Hand in Hand,
Drauf wirft man Geld aus Hochmuth und Er-
                barmen.
Ein solcher Teller ist, deucht mich, ein jedes
                Karmen.
Ich, ein Poet, ich sag es, glaubt es mir:
Das würdigste, das lächerlichste Thier
Vom Adler an herab bis auf die Kröte,
Beim Lorbeerkranz! das, das ist ein Poete!
O wie gemein ist die Gelegenheit,
Bey der ihr stets mit Singen emsig seyd!
Ihr singt, wenn sich ein großer Narr verbindet,
Der kein Verdienst, als reich zu seyn, empfindet;
Ihr singt, wenn man den oder die begräbet,
Die viel zu lang in Tag hinein gelebet;
Ihr singt, wenn Stax ein neues Amt beglückt,
Wozu sich mehr, als er, sein Diener schickt;

Ihr singt, wenn den ein junger Sohn vergnügt,
Der würdig ist, daß man ihn selbst noch wiegt;
Ihr singt, wenn den, der seines Namens Fest
                    begehet,
Der, wie sein Mops, in Ruhm und Ansehn stehet;
Ihr singt, wenn des Geburtstag Gäste wirbt,
Der lebt, damit er frißt, der frißt und stirbt;
Ja ja ihr singt von Sachen und von Leuten,
Die kaum so viel, als euer Lied, bedeuten.
Ich will mich jetzt weit über euch erhöhn,
Was ich besang, ist selten gnug zu sehn,
Und ewig wird die alte Wahrheit gelten:
Was man mit Recht erhebt, ist immer selten.
Nun stimm ich an. Mir lockt das frühe Grab
Von einem Hund anjetzt ein Karmen ab.
Nicht selten ist der Hunde Tod auf Erden,
Doch selten ist, daß sie begraben werden.
Dies wahre Glück hat Pratjen nur gehört!
Sein Herr, der nie was mittelmäßigs ehrt,
Sein Herr, der Freund und Kenner edler
                    Gaben,
Der hat ihn lieb, und der läßt ihn begraben.
Sein Lebenslauf stellt viel Beweise dar,
Daß dieser Hund ein Hund der Hunde war.
Nie war ein Thier geschickter und getreuer,
Er hatte viel und fast poetisch Feuer,
Er wachte gut, wich größern Hunden nie,
Gieng auf die Jagd, zog aus der Lotterie,

Begriff sehr viel, schwamm fleißig, wie die Enten,
Im Fleiß beschämt' er Lehrer und Studenten,
Er starb zuletzt recht männiglich in dem Beruf,
Zu dem allein ihn die Natur erschuf,
Er wollte sich und sein Geschlecht vermehren,
Nur durch den Tod ließ er sich dies verwehren.
Daß ihm ein Grab zu Theil geworden ist,
Dies macht, daß man hier diese Grabschrift liest:
Er ist dahin, wohin wir alle müssen,
Und dann wird uns, wie ihm, aufs Grab g— —

An Herrn Meinhardt
von Zachariä.

(in ein Exemplar der scherzhaften epischen und lyrischen Gedichte)

Braunschweig den 2 Hornung 1762.

Wie sehr bist du mit alle dem bekannt,
Was je der Alten Geist, der Neuern Witz erfand!
Sieh diese Lieder nicht zu scharf, zu kritisch an!
Viel, was der Jüngling sang, mißfällt nunmehr dem Mann.

Dithyrambische Kantate
von Schrader.

(aus den Kantaten zum Scherz und Vergnügen.)

Arie.

Fliehet, Sorgen!
Bis zum Morgen
Will ich frölich seyn.
Gott der Reben,
Du sollst leben!
Fort, ihr Sorgen; hier ist Wein.

Recitativ.

Bekränzt sitzt dort der Gott auf dick bemoosten Felsen,
Die Nymphen um ihn her. Mit hochgereckten Hälsen
Und aufmerksam gespitztem Ohr
Horcht auf sein Lied der Satyrn Chor.
Dort stehst du hoch, Silen, die Schaale in der Faust,
In der der frische Most aus großen Schläuchen brauft.
Du trinkst in langen Zügen,
Füllst wieder ein, und sammelst für Vergnügen.
He! Alter siehst du nicht mich frohen Musensohn?
Zwo Stunden dürst ich schon.

Arie.

Welch klägliches Exempel!
Hier steht vor Bacchus Tempel
Ein durstger Zecher.
Schenke, rette deine Ehre!
Wein her! Oder ich verschwöre
Dich und deinen Becher.

Recitativ.

O Alter, nun weist du zu leben.
So muß es seyn, wenn bey den Gott der Reben
Des Dichters frohe Flöte schallt.
Ich fühl es schon; die Gottheit wirkt in mir!
Muth und Begeistrung ist in dir,
Du Nectar, der mein Blut durchwallt.
Schenk ein, Silen; Lust ists, mit dir zu trinken:
Man durstet, trinkt, und durstet bis zum Sinken.
O nun, nun fühl ich dich, dich Feur der Rebe,
Todt war ich, trank, erwacht, empfand und
bin und lebe.

Arie.

Lob dem Gott der Götter,
Der das Leben schenkt!
Lob dem Menschenretter,
Der mit Rheinwein tränkt.
Vater Bacchus! — Welcher Schwindel —
Ziegenfüßiges Gesindel.
Lachst du? — He! sa! Evan! He!
Bacchus — Nymphen — Evoe!

Damon

ober

Anfang einer Abhandlung von der wahren Größe des Geistes.

1751.

Vorerinnerung.

Ohnerachtet Hr. J. J. Fabricius einen ganzen Band Gedichte (1755.) herausgegeben, so werden ihn doch noch wenige unter unsern guten Dichtern haben nennen hören. Ich würde ihn unter unsern didactischen Poeten eine vorzügliche Stelle einräumen, wenn er den Plan des Ganzen so bearbeitete, als einzele Verse, und sich mehr bemühte, ein vortreffliches Lehrgedicht zu liefern, als schon gesagte Sentenzen an einander zu ketten. Aus eben dieser Ursache habe ich den Lesern von seinen mehrern Gedichten nur eines ausgewählt, um sie bey Appetit zu erhalten.

Erster Gesang.
Ursprüngliche Bestimmung und Verlust.

Gedanke! der im Schooß der Ewigkeit er-
wachte,
In dessen Umfang sich Gott selbst als Gott ge-
dachte —
Ein endlicher Verstand mißt deine Größe nicht:
Der Myriaden Last, die dich nicht überwiegt,
Sank aus der Allmacht Hand allein um deinet
Willen,
So weit kein Auge reicht, Systemen auszufüllen.
Du bist der Mittelpunkt von Welten und von Zeit:
Der Schöpfung weites Reich gleicht sich der
Ewigkeit,
Du bist die Gottheit drinn. Aus unzählbaren
Quellen
Umglänzt dich Licht und Pracht, dein Daseyn zu
erhellen.
Dir opfert die Natur des Weihrauchs heil'gen
Duft,
Der Athem ihrer Kraft beseelt für dich die Luft,
Und läßt die Ewigkeit von zauberischen Chören
In hoher Harmonie dein mildes Loblied hören.
Dir blökt das fette Thal, dir schmelzt der Berge
Schnee,

Dir hüpft die Lust im Bach, die Wollust in der
  See,
Dir wühlt der Riesen Scherz im Bauche tiefer
  Meere;
Ihr Schnauben ist dein Ruhm, ihr Wüten deine
  Ehre.
Welch ein Gedanke wars? — (der Weisheit
  Hand
Macht seinen Umriß selbst den Sterblichen be-
  kannt,
Sonst wagten sie umsonst, ihn zitternd aus-
  zusprechen,
Selbst Engel wagtens nicht, sie wagten ein
  Verbrechen.)
Es wurde ein Geschöpf, ein kurzer Inbegriff,
Und Abglanz von der Kraft, die ihn ins Wesen
  rief,
Ein Bürger unsers Reichs, ein freygebohrner
  König,
Der Schöpfung Oberherr, dem Schöpfer un-
  terthänig,
Ein Sohn der Heiligkeit, der Weisheit Eigen-
  thum,
Der Liebling unsrer Zucht, der Gottheit Bild
  und Ruhm!

Mensch, fühle zitternd noch die seelige Minute,
Da dieß gewaltge Wort auf deinem Staube ruhte

Und der Empfindung Kraft in deine Nerven
goß —
Beseelt vom Hauch aus Gott, der seegnend in
dich floß,
Fühlst du ein heilig Feur, in deinem Blute brennen,
Und lerntest Gott in dir, und dich in Gott erkennen.

Was quält dich, banger Geist? was drückt
dich für ein Weh?
Erhebe dich beherzt zu deines Ursprungs Höh,
Und miß von da herab die ausgespannten Zonen;
In dieses Tempels Pracht soll deine Ehre wohnen.
Du seufzest Geist aus Gott? und bebst in Ohn-
macht hin? —
Gab Gott dir Weh zum Theil, und Seufzer
zum Gewinn?
Hieß er dich das Gesicht, das seine Stralen decken,
In dicke Finsterniß der bängsten Furcht verstecken?
Bist du der Gottheit Sohn, und liegst verzagt
im Staub?
Ein Bild des Ewigen — und deiner Tage
Raub? —
Der Blindheit Labyrinth an hoher Weisheit
Stelle?
Anstatt der Ruh in Gott, das Bild von Tod
und Hölle?
Ein ungeheuer Bild! ein Bild der Mitternacht,

R

Von Helden wilder Pein in banger Brust bewacht!
Unglücklicher! zur Quaal, und doch aus Gott gebohren?
Hat der Gedank in Gott den ewgen Grund verlohren,
Die Schöpfung ihren Kern das Mark der Creatur? —
Der Weisheit Rath, ein Eid, der Allmacht Wort, ein Schwur,
Ihr Wort: Es werd' Ein Mensch; wie darf man es nicht glauben,
Wer wagte den Triumph, ihm seine Kraft zu rauben?
Wie, oder war nur hier der Gottheit Arm zu matt?
Schuf sie die Mißgeburt an ihres Bildes statt?
Umschifft der Erden Reich, und forscht auf eurer Reise,
Wo lebt der Seelige, der Göttersohn, der Weise?
So weit ihr Menschen seht, mißt, von der Wieg ins Grab,
Nur Thorheit und Verdruß des Menschen Schicksal ab.
Die zartste Jugend nährt die Laster später Jahre:
Der Kindheit leichte Lust befleckt noch grauehaare.
Stolz, Wollust, Eigennutz ernährt mit wilder Gluth

Die Triebe in der Brust, dem Zirkellauf im Blut;
Und, dieser Götzen Huld stets sklavisch zu erhalten,
Zeigt sich des Menschen Bild in wechselnden Gestalten;
Wie ein Chamäleon sich niemals selber gleicht,
Und sich ein Taubenhals in stetem Wechsel zeigt.
List, Untreu, Grausamkeit, verlarvte Bubenstücke,
Die Brust ein ofnes Grab, bey freundschaftlichem Blicke
Ein süß berauschend Wort, das Otterngift verbirgt,
Ein sanfter Druck der Hand, die ohn Erbarmen würgt;
Das heißt Gesetz und Recht, das sind der Eintracht Pfänder,
Des Friedens festes Band, das Band beglückter Länder.
Aurora macht mit Gram die goldnen Pforten auf;
Dann traurt die Sonne selbst durchs Morgenthor herauf,
Sie läßt den ersten Blick in Thränen überwallen,
Sie sinkt zum Schooß der Nacht, und läßt erst Thränen fallen:
Und wär es nur kein Gott, der ihr die Herrschaft gab,
So wünschte sie sich längst der Schatten ewges Grab.

Was traurst du Königinn? was macht dein
Antlitz bange?
Was schmelzet für ein Schmerz von der erblaß-
ten Wange?
Warum verweilet sich des Auges schmeichelnd Licht
An dem umkränzten Haupt der stillen Hügel nicht?
Sie sind mit Blut befleckt! Es floß erhitzt vom
Grimme,
Und rauchte noch voll Wuth, und rief mit wil-
der Stimme
Der Rache furchtbar Schwerdt zum Fluch und
Untergang;
Weil hier des Bruders Dolch durchs Herz des
Bruders drang.
Warum belauscht du nicht die Schatten frommer
Gründe?
Sie sind ein Bild der Nacht, ein Ruheplatz der
Sünde!
O! weine, weine laut! sind Thränen noch
genug?
Natur, erbeb und stirb! dich macht der Mensch
zum Fluch.
Des Todes wilde Faust durchwühlet deine Reiche,
Und macht das Leben selbst zur ekelhaften Leiche.
Der Schöpfung edler Bau, das Wunder rei-
ner Pracht,
Natur, erbeb und stirb! es ist ein Reich der
Nacht.

Der Donner zürnt umher mit schnaubendem Geheule,
Der Rache fressend Feur entzündet seine Keile,
Der Sturm beflügelt sie, mit Schlossen untermengt,
Aufs Haupt des Wüterichs, der als ein Sklave denkt.
Er bebt, und eilt zur Kluft, um kurze Zeit zu zittern;
Doch bleibt er ein Tyrann, und leiht von Ungewittern
Des Unsinns neue Wuth und neuer Flüche Kraft,
Die selbst mit Lästerung den Gott im Donner straft:
Er zagte, daß der Zorn sein wildes Herz verschone,
Und stürzt voll Unsinn drauf den Retter selbst vom Throne.
Dieß hörest du Natur, und bist nicht längst geflohn?
Von fremder Schande wund, und du erträgst den Hohn?
Und reißt die Freveler im Zorne mit dir wieder
Nicht in die ewge Nacht des ersten Chaos nieder?
Wo ist die starke Hand, die dich nicht sinken läßt?
Welch unsichtbare Kraft hält deine Kette fest?

Wer wälzt dein funkelnd Heer noch durch gesetzte
  Kreise?
Der Mensch ist deine Schmach; wer ist dein
  Herr? der Weise!

Der Weise? lebt er noch? o! mein beklemm-
  tes Herz,
Welch ein erquickend Wort besänftigt deinen
  Schmerz!
Sieh um dich! sey beherzt! sie ist, sie ist ver-
  schwunden
Der Schwermuth bängste Nacht, die deinen
  Blick gebunden,
Die bebende Natur erbebt nicht mehr vor dich:
Die Sonne, die bethränt auf ihre Bühnen
  stieg,
Gießt durch den Zauberschall erhabner Jubel-
  lieder
Der Freude sanftes Licht aus vollem Mittag
  nieder.
Der Schöpfung Reich umwallt der Anmuth
  Frühlingspracht,
Wie von der Braut geführt das Herz des Bräut-
  gams lacht.
Dort, wo des Donners Arm die Wolken zittern
  preßte,
Dort rühmt des Vogels Lied durch die gespann-
  te Veste,

Daß in dem Weisen noch das Bild der Gottheit lebt,
Wenn Furcht und Höllenangst durchs Herz des Wütrichs bebt.

Du königlich Geschlecht, du Volk aus Gott gebohren!
Volk, dem die Ewigkeit des Seegens Bund beschworen,
Durch deren großes Herz ihr reines Feuer glüht,
Die sie mit Mutterhand zu Kron und Reich erzieht —
O Glück! o seelig Volk! o! saget mir ihr Gründe,
Wo ich des Weisen Bild in euren Schatten finde?
Ihr stillen Hügel sagt, wo ihr mit Moos bedeckt,
Zur Ruhe für sein Haupt euch sanft zum Thale streckt;
Wie, oder ist im Hain, dort im durchbrochnen Schimmer,
Der Zweige wallend Laub der Vorhang seiner Zimmer?
Wie, oder floh er längst zum Tempel seelgrer Ruh, —
Mein Herz erbebt aufs neu! — verklärtern Sternen zu?
O! Weisheit führ auch mich zu den verklärten Sternen,
Ich muß, mein Herz befiehlt, ich muß ihn kennen lernen!

Wenn unter meinem Fuß die dunkle Erde sinkt,
Und dort mein Geist sich satt in deinem Schimmer trinkt,
Wenn auch mein Finger dort in deine Saiten greifet,
Wenn dein erhabnes Lob auf meiner Zunge reifet —

O dann! o Trieb! o Lust! o Weisheit! o Natur!
Mein Schritt steht hoffend schon auf der erwünschten Spur!
O Glück! wornach mein Geist mit stiller Schwermuth geitzte,
Des Weisen Bild, o Glück! das meine Wünsche reitzte!
Bald wird sein hoher Schmuck in meine Seele gehn,
Bald wird mein Aug entzückt auf sein Exempel sehn!

„Was wagt sich doch sein Wunsch in weit entfernte Sphären?
„Wie, soll die Erde denn nur freche Thoren nähren?
„Und irrte nicht vorlängst aus dem gesetzten Gleis
„Daß sie, mit Furcht beschweift, vom Feur des Eifers heiß,
„Bis an den Angelstern durch schreckenvolle Nächte,

„Vom Sieg des Ewigen die hohe Bothschaft
   brächte?
„Du bist dem Irrstern gleich, noch allzufinstrer
   Blick,
„Von Sternen sucht der Mensch, der Wünsche
   Ziel, sein Glück;
„Als wäre Glück und Heil nur an der Zukunft
   Stunden,
„Nur am entfernten Ort, mit Ketten fest ge-
   bunden.
„Legt doch, ihr Sterblichen, das Fernglas aus
   der Hand,
„Macht euch die Gegenden, die ihr bewohnt,
   bekannt!
„Laßt doch den blöden Fuß nicht ohne Auge
   gleiten:
„Hier wohnt das beste Glück, hier wandelts
   euch zur Seiten!
„So wünscht die Schwermuth oft, die man für
   Tugend hält,
„Sich murrend das System von einer bessern
   Welt;
„Und würde, wär sie auch ein Werk von seinen
   Händen,
„Die erst gewünschte Welt durch neuen Tadel
   schänden.
„Zufriedenheit verbannt die Seufzer aus der
   Brust,

„Und der von Kerkern träumt, erwacht im Schooß der Lust;
„Und fühlt beschämt und still, daß seiner eignen Seele,
„Nicht der beschimpften Welt, der Ruhm der Weisheit fehle.
„Des Weisen heiligs Bild versperrt kein öder Hain,
„Kein unbewohntes Thal schließt es ins Dunkle ein.
„Auch floh es nicht von hier zu unbekannten Sternen;
„In Damons ofner Brust kannst du es kennen lernen.
„Der Damon, der so lang in deiner Hütten wohnt,
„Der ohne Titel groß, durch Güter unbelohnt,
„Gott und der Welt, und sich, mit stillem Eifer nützet,
„Der ist es, der die Welt vor ihren Trümmern schützet.
„Auf! bilde deinen Geist in seinem Lebenslauf!
„Schreib seines Wandels Ruhm in heilgen Liedern auf,
„Und zeig der Welt darinn den Maaßstab wahrer Größe;
„Ein Maaß, wornach ich selbst erhabne Seelen messe."

O Weisheit, welch ein Rath! ich fühle seine Kraft,
Ich fühle Trost und Ruh, die Wunsch und Irrthum straft.
Der Ehrfurcht mächtge Hand erschüttert meine Glieder,
Und beugt den wilden Stolz der Leidenschaften nieder.
Wie zittert Reu und Schaam durch das erschrockne Blut;
Bis sie auf Wang' und Stirn' in ihrem Purpur ruht,
Bis sich der volle Tag mit meiner Freude mischet,
Und dieses Morgenroth von Stirn' und Wangen wischet.

In diesem blöden Schmuck, o Damon! such ich dich.
O Damon! höre sie! die Großmuth spricht für mich;
Erkenne deinen Ruhm in dem erhabnen Triebe,
Und gönne mir dein Herz zur allerreinsten Liebe.
Zur Liebe? nein, zu viel! nur zur Bewunderung.
Ein Blick in deine Brust ist meinem Wunsch genug.

Du thust es? sanfte Lust, durchtaumle meine
    Seele!
O! nennt mir tausendmal das Glück, das ich
    erwähle.
Wie stolz macht mich der Ruhm, den dieses Herz
    mich lehrt!
Beneidenswerthes Glück, du bist des Lebens
    werth!
Du sollst bey meinem Staub auf ewgen Mar=
    mor wachen,
Und noch zu Damons Ruhm die Nachwelt nei=
    disch machen.

Zweiter Gesang.
Der Kampf des Geistes.

O! Wolluſt für mein Herz, ein großes Herz
zu ſehn!
Beneidenswerthes Glück! So seegensvoll, so
schön,
Weckt mich vom Schoos der Nacht, aus schwer-
muthvollen Sorgen,
Kein heitrer Frühlingstag, kein froher Festtags-
Morgen;
Denn wär ich nicht vom Schlaf an Damons
Brust erwacht,
So schreckte mich der Tag, mehr als die längste
Nacht.
Der vierte Frühling hat uns schon vergnügt be-
lauschet,
Viermal ist über uns der Winter hingerauschet;
Seit ich an Damons Brust die hohe Kunst ent-
deckt,
Wie uns kein Sommer brennt, kein Winter-
sturm erschreckt.

Erkennte doch der Thor der Weisheit hohen
Adel,
Der Winter rächte nicht den ungerechten
Tadel;

Wenn er des Himmels Kleid mit Pest und Nebel schwärzt.
Der Sommer würde nicht in wilder Lust verscherzt;
Und würd' im Donner nicht, die Schmach der Zeit zu rächen,
Aus Wettern voller Zorn mit Missethätern sprechen.
O! wie verkennt der Mensch des Menschen Zweck und Recht!
Der Schöpfung Herr und Ruhm wird der Geschöpfe Knecht;
Und ringt mit Heldenkraft und eines Kämpfers Mühe,
Daß jeder längrer Tag die Ketten fester ziehe.
Noch, dünket sich der Thor ein stolzes Königskind,
Und rühmt die Fessel noch, wenn es nur goldne sind.
Ein Wurm im niedern Staub bleibt seinem Zwecke treuer,
Der Thor ist gegen ihn ein kluges Ungeheuer;
Und wenn ihn gleich sein Stolz bis auf den Thron erhöht,
So spottet noch ein Wurm der nackten Majestät.
Hätt er nur den Verstand, den Thoren gern entbehren,
Aus Mitleid würd er sie erhabner denken lehren.

Ermuntre dich mein Geist, und fühle deine
Pflicht:
Der Schwermuth ewges Lied rührt doch die Thoren nicht.
Sein unbelebter Ton irrt aus verzagten Seelen,
Wie Larven finstrer Nacht, zu unbewohnten
Höhlen.
Selbst Echo flieht verzagt ein hypochondrisch Ach!
Und Eulen singens nur auf dürren Aesten nach.
Wüßt ich des Lebenskraft nicht besser zu gebrauchen,
Um fremde Thorheit es in Seufzern auszuhauchen?
Was wäre denn der Preis für die verwandte Müh?
Ich lebte mir zur Quaal, und würd' ein Thor,
wie sie.

O Weisheit! stärke du die matt gesungnen
Töne;
Damit mein kriechend Lied nicht deinen Adel
höhne.
Laß deiner Gottheit Glanz, der mich so oft entzückt,
Wenn er aus Damons Aug' auf mich herab geblickt,
Auch itzt in meine Brust durch meinen Gram sich
senken,
Und mein erwachtes Lied mit heilgem Eifer
tränken;

Es mische sich beherzt in deiner Sänger Chor,
Und singe Damons Ruhm entzückten Himmeln
vor;
Daß es des Thoren Herz in stillen Nächten höre,
Und sich beschämt zu dir von seiner Schande kehre!
Wenn dann der Schmerz sein Ach von bangen
Lippen wälzt,
Wenn Reu und Besserung sein Herz zu Thränen
schmelzt:
So sey sein stilles Ach, und die verweinte Thräne,
Und seine Besserung der Preis für meine Töne!

Und wen hat Damons Geist zu solcher Größ'
erhöht?
Wie? hat ihn die Natur aus edlern Staub ge-
dreht?
Hat sie ihm, da er ward, ein besser Looß be-
schworen?
Er sollt ein Weiser seyn, und seine Brüder
Thoren?
O Geist! was wäre denn dein Adel für ein Glück?
Was die Geburt uns gab, das nimmt der Tod
zurück.
Ist wahrer Weisheit Ruhm ein Darlehn dieses
Lebens;
So ist der Weis' ein Thor, sein Vorzug ist ver-
gebens.
Kaum fühlt' er seinen Ruhm, so zöge ihm das Grab

Die Larve vom Gesicht mit strengen Händen ab;
Und ließ auf seinen Staub noch die Satyre lesen:
Des Weisen Lebenslauf: er ward, und muß verwesen!
Band ein gebietend Muß, das sich nicht ändern läßt,
Der Weisheit Recht und Ruhm an unser Wesen fest:
So ist der stolze Glanz erhabner Seelen eitel,
Reiß, Damon, diesen Kranz von der beschimpften Scheitel!
Der Tugend Licht wird Nacht, und ihr Verdienst zur Quaal,
Ist beydes nicht ein Werk der ungebundnen Wahl.
Ihr Schmuck verhüllt die Stirn in unberühmte Zweige,
Daß er, Cypressen gleich, der Freiheit Grabmal zeige,
Ein Sklave niedrer Lust ist glücklicher als du;
Die Ketten, die er trägt, maß ihm kein Schicksal zu:
Er ward der Thorheit Knecht, nicht, weil ers werden sollte,
Und könnt' ein Weiser seyn, wenn er es werden wollte.

Verflucht sey jeder Witz, der ohne Zittern glaubt,

Daß dieses Vorwurfs Kraft der Weisheit Ruhm
beraubt!
Freiwillig, ohne Zwang, versammlet ihre Rechte
Nicht Sklaven ihres Glücks, und ihres Adels
Knechte;
Partheyisch schrieb sie nicht der Menschen Schick-
sal auf,
Nicht sie, der Mensch ist Herr, von seinen Le-
benslauf;
Und hat allein das Recht, daß er mit freyer Seele
Sein Unglück oder Glück, Ruhm oder Schande
wähle.
Auch die Geburt schreibt uns in dieser Wahl
nichts vor,
Durch sie erwachte nie ein Weiser, oder Thor.
Mehr kann uns die Natur durch ihre Hand nicht
geben,
Als diesen irrdnen Leib, und als ein thierisch
Leben.
Mehr schloß die Windel nie von einem Menschen
ein,
Als nur die Möglichkeit, es nach und nach zu seyn.
Die Blüthe der Vernunft verbessert unsern Orden;
Durch diese sind wir erst aus Thieren Menschen
worden.
Mehr schloß die Menschheit nie von einem Wei-
sen ein,
Als nur die Möglichkeit, es nach und nach zu seyn.

Jetzt, Menschen! öfnet doch die Blüthe eurer
Kräfte;
Damit der Weisheit Mund die unfruchtbaren
Säfte
Mit sanftem Hauch belebt und seegnend frucht-
bar macht;
Wenn ihrer Gottheit Bild, in eurer Brust erwacht.
Sonst flößt des Lasters Mund dem blühenden
Verstande
Ihr wirksam Leben ein, und ihre Frucht ist
Schande;
Ihr Hauch, ein sanfter Tod, erwürgt der Mensch-
heit Ruhm,
Ihr solltet Götter seyn, und kehrt zu Thieren um.

Wie, Damon, soll von dir die Welt das
Zeugniß lesen,
Daß deiner Jugend Ruhm der Thorheit Ruhm
gewesen;
Daß deine zarte Brust ihr rauchender Altar,
Und deiner Triebe Wunsch ihr brennend Opfer
war;
Daß dein beherzter Muth nicht ohne Mühe
kämpfte,
Eh er den wilden Brand der Leidenschaften
dämpfte?
Wie ruhig sieht dein Geist auf diese Zeit zurück:
Besiegte Thorheit ist der Weisheit Heldenglück!

Der Mühe Schweiß hat nie des Siegers Stirn
 beflecket;
Sein Kranz steht doppelt schön, wenn er auch
 Narben decket.

Ja, Damon läßt es zu! So wiß' es denn die
 Welt:
Er war der Thorheit Knecht, und ward durch
 sie ein Held.
Sie tränkte seinen Geist an ihren Zauberbrüsten,
Und nährte jeden Trieb mit ekelhaften Lüsten;
Empörung und Verrath floß mit der Milch ins
 Blut;
Der Leidenschaften Mund trank Raserey und Wut.
Betrug und Vorurtheil erwachten im Verstande,
Und flochten heimlich schon die diamantnen
 Bande,
Woran die Thorheit stets den überwundnen Geist,
Der erst ihr Liebling war, in ihren Abgrund reißt;
Um desto hämischer bey ihrem Fall zu lachen,
Weil sie freywillig sich zu ihren Sklaven machen.
Doch Damon merkte bald die schreckende Gefahr;
Er war nur halb ein Thor, weil er es ungern war.
Schon fieng der Lorbeer an für seine Stirn zu
 grünen,
Weil er beherzt entschloß, ihn streitend zu ver-
 dienen.

O Weisheit! lehre mich, wie er den Angriff
theilt,
Die Rüstung, die er trug, als er ins Feld geeilt;
Und wie der Feinde Blut mit Macht vor ihm
geflossen,
So bald sein Blick auf sie den Tod herab gegossen.

Wie aus des Löwen Blick Tod und Verwü-
stung blitzt
Wenn ihn der Jungen Raub zu Rach und Wut
erhitzt;
Sein kühner Schritt ist Sieg, und rühmt die
nahe Beute:
So kühn floh Damons Fuß zum ungewissen
Streite.

Jedoch betrogner Muth, der stürmend nichts ge-
wann,
Die Tapferkeit flieht selbst, führt sie nicht Klug-
heit an.
Erfahrung und Versuch macht auch noch Helden
klüger;
Durch kluge Wachsamkeit wird erst der Held ein
Sieger.
Ein ungeübtes Heer stand seinem Angriff bey:
Der Kern von seiner Macht war List und Meuterey,
Der geile Müßiggang erzog die Legionen
Zur Wollust und zum Scherz in unberühmten
Zonen.

Hier stieß der Ueberfluß den vollen Becher um;
Ein weichlich Buhlerlied sang ihren Heldenruhm;
Und lehrete den Fuß durch weiches Gras zu schwimmen,
Und sich im leichten Tanz dem welken Preis bestimmen;
Indem der Zauberhauch von leisen Flöten floß,
Und die Verzückungen in ihre Glieder goß.
Zwar hatte hier der Scherz auch einen Kampf erfunden:
Sie stritten ohne Schwerdt, und siegten ohne Wunden;
Die Einbildung erfand den Held und die Gefahr,
Und jedem blieb das Recht, daß er der Sieger war.
Wie mancher Held ist schon durch dieses Volk betrogen;
Wenn sie ein leichter Sold in seinen Dienst gezogen:
Sie schwören Eid und Pflicht, doch mit verstelltem Mund,
Ihr feiges Herz steht längst mit jedem Feind im Bund,
Ihm ist, für jede Müh, ein weichlich Leben lieber;
Im Angesicht der Schlacht gehn sie zum Feinde über.
Ein lasterhaftes Volk! wie leicht erkennt mans nicht;
Verstellung überdeckt ihr weibisches Gesicht,

Und läßt, der Einfalt Blick gewisser zu betrügen,
Der Tugenden Gewand um ihre Hüften fliegen.
Der Stolz führt ihren Trupp, und theilt die Fahnen ab;
Weil ihm ein altes Recht die Macht zur Herrschaft gab.
Des Körpers Riesenbau umblitzten goldne Waffen;
Doch war Medusens Haupt im Schilde eingeschlafen,
Weil nie ein Heldenschwerdt auf seine Rundung stieß.
Die Rechte faßte zwar den diamantnen Spieß;
Doch zitterte die Furcht durch die gestreckten Hände,
Aus der verzagten Brust, bis an des Spiesses Ende.

Wie unter seiner Last ein trächtig Feld sich krümmt,
Wenn ein empörter Sturm durch schwanke Aehren schwimmt:
So schwamm sein mächtger Blick durch die gestellten Glieder,
Und sklavisch beugten sich die Legionen nieder.
Selbst Damons eblrers Herz ward seines Willens Knecht.
Verräthrisch lehrt er ihn dieß falsche Heldenrecht:

„Der Himmel schuf den Held, nur drohend zu befehlen,
„Den Bogen und das Schwerdt vertraut er niedrern Seelen.
„Mein Auge würgt vor mir an tausend Schwerdter statt,
„Und macht allein das Feld vom Blut der Helden satt.
„Auf! wenn die Feind' aus Angst den Weg zur Flucht vergessen,
„So soll sie unser Tod wie Lämmerheerden fressen.
„Der Phalanx ihrer Macht sey unter unsern Schritt
„Wie Staub, den auf der Flucht ein Wanderer zertritt;
„Ja, wie des Donners Arm im Zorne leichte Halmen,
„So soll sie unser Fluch schon vor uns her zermalmen.
„Auf Helden! deren Blick in edlem Zorn sich wälzt,
„Und drohend jeden Feind wie leichte Flocken schmelzt;
„Auf! und mein Angriff sey des Sieges Losungszeichen,
„Folgt, wo mein Donner würgt, und zählt Geschlechter Leichen,
„Und nennt der Ewigkeit die Wunder meiner Schlacht;
„Damit dieß Zeugniß euch mit mir unsterblich macht!„

Von Worten ohne Kraft ward Damons Seele
trunken,
Und Tage wären noch zur Nacht hinabgesunken;
Eh vor der Tapferkeit, von der der Stolz gerühmt,
Sich ein verzagter Feind ins Grab hinab ge-
krümmt.
Held! rief ihm Damon zu, dich hat ein Gott
gezeuget,
Dich hat die Ewigkeit an ihrer Brust gesäuget:
Selbst sie erzog in dir, zum Beyspiel für die Welt,
Den allerbesten Freund, den allerstärksten Held.
Ich weiß, daß ich mein Glück auf ewgen Felsen
gründe,
Wenn ich mein ganzes Herz an deinen Willen binde;
Es bebt mit stolzer Lust in dein' Umarmung hin,
Und schwört bey diesem Kuß: — daß ich der
deine bin.
Unglücklicher Betrug! die Weisheit weint im
Stillen,
Um dieß betrogne Herz, um ihres Damons Willen.
Dreymal stieß sie den Helm dem Stolze vom Gesicht:
Doch, wie des Irrlichts Schein den Wanderer
betrügt;
So ward auch Damons Blick vom Irrthum
hintergangen:
Er blieb in seinem Arm in trunkner Inbrunst
hangen;
Bis der empörte Feind sein Lagerfeld verließ,

Und schon sein drohend Schwerdt auf seine Rüstung stieß.

Schnell wollte Damon sich zum muthgen Angriff wenden;

Doch faßte ihn der Stolz mit unbarmherzgen Händen,

Und der sein Bundesfreund und treuster Beistand schien,

Rief jetzt als ein Barbar: Auf! und erwürget ihn!

So sieht des Trinkers Lust gefüllte Gläser blinken,

Und schwört beym rothen Wein: er will sich ewig trinken!

Verschwendrisch schenkt er sich die Gläser doppelt ein,

Sein Geist ist lauter Witz, und brauset, wie sein Wein,

Und taumelt, wie sein Lied, in irrenden Gedanken;

Bis, matt vom schweren Rausch, die Glieder zitternd wanken,

Und die geschwächte Kraft, die kaum das Glas noch hält,

Vom tiefen Schlaf gedrückt, aufs Lager niederfällt:

Vergebens kämpft sein Herz mit immer bängern Schlägen,

In dem erhitzten Blut der Krankheit Gift entgegen;

Dem Gifte, das er erst bey stammelnden Gesang
Aus dem bekränzten Glas' in vollen Zügen trank.
So wie er zitternd bebt, wenn schnelle Todes-
        schrecken
Ihn mit empörter Hand vom Rausch und
        Schlummer wecken:
Von schneller Angst betäubt, weiß er verzwei-
        flungsvoll,
Nicht, ob er ruhig seyn, nicht, ob er rufen soll,
Ob ihn bereits die Nacht der ewgen Schatten
        quäle,
Ob er noch fliehen kann, und welchen Weg er
        wähle:

So lebte Damons Geist bey plötzlich naher
        Noth,
Sein Auge schwamm umher im Labyrinth von Tod,
Durchzitterte ein Meer von siegenden Verderben,
Und sah sich überall in dessen Fluten sterben,
Und jammerte umsonst nach Mitleid für sein Herz,
Rang mit Verzweifelung, und rennte himmel-
        werts.
Ist, rief er, ja ein Gott, den diese Barbarn schänden,
Der eil' und rette mich! o Gott! aus Mörder-
        händen —
Tob, Knechtschaft, Tyranney! o Rache tödte sie!
Ich sterben? ist ein Gott, der retten kann? ich
        flieh!

Wohin? ich fliehn?, ein Held soll sich zur Flucht gewöhnen?
O Gott! erbarmungsvoll! dir bluten meine Thränen,
Dir bebt mein Herz — es bebt — ich will — ja ich will sehn,
O! eile Gott und hilf! wer mir soll widerstehn.
So stürzt' ein edler Trotz von bangen Lippen nieder:
Angst, Hofnung, Furcht und Muth durchbebten seine Glieder,
Bis die bestürmte Kraft verstummt zu Boden sank,
Und nur mit Thränen noch zum Thron des Mitleids rang.
Schnell warf die Weisheit sich in Damons ofne Arme.
Ein weinendes Gebet, ein ringendes: Erbarme!
Ist noch nie unerhört ins Heiligthum geflohn.
Sie faßte ihr Gewand, stand auf vom hohen Thron,
Verbarg mit Müh im Blick der Wehmuth stille Zähre,
In sanfte Zärtlichkeit. Im Taumel voller Chöre
Rief ihr der ewge Sieg den hohen Glückwunsch nach;
Als ihrer Flügel Kraft durch stille Wolken brach.

Ein blendend Stralenmeer, ein Meer vom ew-
  gen Lichte,
Floß wallend vor ihr her vom göttlichen Gesichte,
Und senkte flammend sich zum Schutz um Da-
  mon her.
Wie schlug der Feinde Herz von banger Ahndung
  schwer!
Vom hengenden Olymp fuhr schnell ein lebend
  Grauen
Im ängstlich hohlen Sturm durch die bestürzten
  Auen.
Das Schrecken breitete schnell das Gewand der
  Nacht,
Durch die bestürzte Luft. Die stolze Eiche kracht;
Ein heilig Rauschen fuhr von ihrem Wipfel nieder,
Von fernen Ahorn tönt ein hohles Brausen wieder;
Und was der Fluren Schooß in stille Ruh versteckt,
Ward plötzlich aus der Ruh vom Schauder auf-
  geweckt;
Und hörte wie betäubt, da Berg und Thäler zittern,
Den prächtigsten Triumph aus donnernden Ge-
  wittern.
Der Staub empörte sich vom Sturme, der ihn
  schlug,
In Wolken, deren Arm die niedern Himmel trug,
Vermischten Wasser, Luft, und Staub, und
  Feuerflammen,
Sich in das Todesbild der ersten Nacht zusammen.

So bebten ehrfurchtsvoll die Reiche der Natur,
Indem die göttliche zu ihr herniederfuhr.
Und dießmal wollte sie um ihrer Feinde willen,
Ihr holdes Antlitz nicht in sanftes Lächeln hüllen;
Für diese zog ihr Arm sein ganzes Schrecken an;
Sonst glaubts der „Frevler nicht, daß sie auch
  donnern kann.
So ruhig fühlte nie nach langen Wintersorgen,
Die erste Ros im Lenz den ersten Frühlingsmorgen;
Als Damons stiller Geist, von bängster Schwer-
  muth los,
In Ruh und sanfte Lust aufwallend überfloß;
Indem die Weisheit sich zu seiner Rettung wandte.
Sein Herz, das sie sogleich an ihrem Schimmer
  kannte,
Rief ihr sein Jubellied von heißen Lippen zu:
Wie herrlich machst du mich, und o! wie groß
  bist du!
Auf! sprach sie, sey getrost, und komm, und
  folge eilig!
Der Hügel Golgatha ist Ueberwindern heilig.

Klagen an den Frühling.
von demselben.

Wenn hab' ich nicht, o Lenz! die Anmuth deiner Stunden,
Wie sie das Thal empfand, im Thale mit empfunden?
Wenn sah mein Auge nicht voll Sprache sanfter Ruh,
Bey deines Zephyrs Scherz, den spröden Blumen zu?
Nie sank dein Morgenroth ums Haupt der Berge nieder,
Das Veilchen wachte schon und hörte meine Lieder,
Und blühte mir allein, und düftete mir Dank,
Voll schöner Unschuld, aus, weil es mein Lied besang.
Wenn wallte nicht mein Blut, wie deine Bäche flossen,
Von Lust, die deine Hand in beyde hingegossen?
Aus Hecken sang dein Chor der Freude süsse Pflicht:
Wenn hört' ich den Befehl, und folgete ihm nicht,
Und hörte nicht in mir, dir zärtlich zu gefallen,
Begierden, die du schuffst, dir sanft entgegen lallen;
Entzückung faßte mich und hob mich himmelwärts.
O zauberisches Bild! für mein empfindend Herz!
Wie reizend sah ich da, im kindlichen Vergnügen,

Die neugeschafne Welt an deinen Brüsten liegen?
Welch ein gewaltger Sturm heroischhoher Lust,
Von deinen Himmeln schwer, durchbebte meine Brust;
Bis die Empfindungen, Begierden und Gedanken,
Von Wollust übermannt, chaotisch niedersanken.
Doch itzo wird mein Geist durch eine höhre Kraft
Von deinen Zauberton ins Dunkle hingeraft,
Ins Dunkle, wo dein Laub von Aesten oder Bäume
Um stille Traurigkeit, um schwere Dichterträume,
Um Schwermuth, die ihr Ach! durch bleiche Lippen drängt,
Um Thränen stummer Noth mitleidig niederhängt.
Die Anmuth deiner Pracht, das Leben deiner Gegend,
Dein Sänger und dein West, nein, es ist nichts vermögend
Daß es den blödsten Geist in seinem Tiefsinn stört,
Und den gewohnten Schall, der Freude wiederkehrt.

O! sonst geliebter Lenz, vergieb der schönen Zähre,
Die bebend niedersinkt, sie weint auch dir zur Ehre.
Schimpft dich die Unschuld nicht, wenn Philomele klagt,
Läßt du den Blumen zu, daß eh der Morgen tagt,

Ihr Auge aus der Nacht durch Thränen aufwärts blicke;
So gönn auch meinem Schmerz der Thränen frommes Glücke.

Ach! daß des Freylers Geist, von fremder Lust gerührt,
In Tempe, wo du wohnst, ein blöder Frembling wird!
Ach! daß zu ihrer Schmach der Unsinn wilder Thoren
Der Unschuld seeligs Recht auf deine Lust verlohren!
Wem gießt dein Ueberfluß der Wollust Becher aus?
Wem dient dein schöner Fleiß? wer ist der Herr im Haus,
Um dessen Decken sich, dein Himmel voller Leben
Und deine Teppiche um stille Wände weben?
Ein unglückseelig Volk, daß, weil es Gott verwarf,
Die Freuden deiner Hand nicht schmecken kann, noch darf.

Wie lieblich grünet ihr, ihr schattigkühlen Myrthen,
Als euch der Liebe Hauch, die Unschuld zu bewirthen,
Die ohne Mörderfurcht in eurer Dämmrung schlief,

T

In Edens sichre Flur an Pisons Quellen rief!
Wie sagte nicht ein Wald die feierlichen Lieder,
Die ihm die Inbrunst sang, dem andern Walde
    wieder!
Wie achtsam wälzte sich die stille Fluth vorbey,
Und fühlete, daß hier der Sitz der Gottheit sey!
Die Vögel drängten sich in andachtsvollen
    Büschen,
Ihr Lied voll frommer Lust in Edens Lied zu
    mischen.
Sie saß in Adams Arm: was er verborgnes
    sprach,
Sang sie aus heißer Brust in mildern Tönen nach.
Selbst Engel freuten sich, den Seeligen zu dienen,
Durchschlüpften ihr Gemach, und sangen selbst
    mit ihnen;
Und jeder Baum empfand, der ihr Gezelt um-
    schloß,
Wie sanft Jehovens Blick durch ihn sich niedergoß;
Die Ehrfurcht zitterte vom Stamme bis zum
    Gipfel,
Und Freude brauste laut Entzückung durch die
    Wipfel:
Nur Weste lispelten durch die zufriedne Flur,
Die Sonn umarmete die zärtliche Natur;
Sie blieb mit trunknem Blick und seegnendem
    Verlangen,
Wenn sie den Morgen rief, an jedem Hügel hangen,

Und horchte still herab, wie schön der frühe Dank
Durch heitre Himmel hin aus reinen Lippen sang.

 Doch jetzt, wo ist das Thal, das solch ein
    Paar umschliesset,
Daß so von Seeligkeit in Liedern überfliesset?
O Lenz! o süsse Flur! umsonst reitzt deine Pracht
Den Menschen zum Genuß.   Die allerbängste
    Nacht,
Die Mutter wilder Pein und tief empfundner
    Schrecken,
Verhüllet seinen Blick mit grausenvollen Decken;
Dein Athem haucht umsonst durch die ätherche
    Luft
Der Freude sanft Gefühl, des Lebens reinen Duft;
Vergebens grünt der Zweig, vergebens blühen
    Rosen,
Die Unschuld neben sich bewillkommt liebzukosen;
Vergebens lockert sich das Moos zum Sitz der Ruh,
Der Mensch, wie undankbar, schließt er die Au-
    gen zu,
Befleckt dein reines Thal mit ekelhaften Lüsten,
Verwüstet dein Gefild, und traurt in öden Wüsten
Sein kurzes Leben hin, bis Thorheit, Schand
    und Pein,
Die Boten des Gerichts, des Lebens Henker seyn;
Und, dein geweihtes Thal, mit Schande zu
    entweihen,

Verwester Leichen Staub auf deinen Altar streuen.
Wo ist ein reiner Ort, da nicht mit Furcht mein Schritt
Auf den zerstäubten Rest von meinen Brüdern tritt?
Der Tod, wen schaudert nicht? eilt Völker umzubringen,
Die deine Lauben einst mit ihren Aesern düngen!
Gedanke schweig in mir! schwarz, wie die Mitternacht,
Durchbebest du den Geist: hätt ich dich nie gedacht!
Hier wo die Schwermuth wohnt, in gräusenvollen Hainen,
Hier will ich Tagelang, betrübte Tage, weinen.
Erbarmer! Gott der Huld, dir weinet mein Gesang;
Dein Volk! dein armes Volk! — Hier wein ich Tagelang.

Gesang
von Klopstock.

Vorerinnerung.

Das vortreffliche *Stabat mater* hätte längst einen Dichter verdient, der eines Pergolese würdig wäre. Klopstock war der einzige, von dem man es erwarten konnte. So sehr die Musik hier den Dichter gebunden hat: so werden es ihm doch alle diejenigen Dank wissen, die bey einer schönen Musik auch etwas zu denken wünschen, und deren Herz eben so empfindlich, als ihre Ohren, ist.

Jesus Christus schwebt' am Kreuze;
Blutig sank sein Haupt herunter,
Blutig in des Todes Nacht.

Bey des Mittlers Kreuze standen
Bang Maria und Johannes,
Seine Mutter und sein Freund.
Durch der Mutter bange Seele,
Ach durch ihre ganze Seele
Gieng ein Schwerdt.

Liebend neiget er sein Antlitz:
Du bist dieses Sohnes Mutter!
Und du dieser Mutter Sohn!

Engel freuten sich der Wonne,
Jener Wonne,
Die der Mittler seiner Mutter,
Seinem Freunde sterbend gab.
Abgetrocknet sind nun ihnen
Alle Thränen,
Mit den Engeln freu'n sie sich.

Wer wird Zähren sanften Mitleids
Nicht mit diesen Frommen weinen,
Die dich Herr im Tode sahn?
Wer mit ihnen nicht verstummen,
Nicht, wie sie, vor Schmerz versinken,
Die dich Herr im Tode sahn?

Wer wird sich nicht innig freuen,
Daß der Gott Versöhner ihnen,
Himmel, deinen Vorschmack gab,
Ach, daß Jesus Christus ihnen,
Himmel, deinen Vorschmack gab?

Ach, was hätten wir empfunden
Am Altar des Mittleropfers,
Am Altare, wo er starb!

Seine Mutter, seine Brüder
Sind die Treuen, die mit Eifer
Halten, was der Sohn gebot.

Erben sollen sie am Throne
In der Wonne Paradiese,
Droben, wo die Krone strahlt.

Sohn des Vaters, aber leiden,
Du Vorgänger, leiden müssen deine Brüder,
Eh' sie droben an dem Throne,
Eh' mit dir sie Erben sind.
Nur ein sanftes Joch, o Mittler!
Leichte Lasten, göttlicher Vorgänger! sind
Deinen Treuen, alle Leiden dieser Welt.

O, du herrlicher Vollender,
Der sein Joch mir, seine Lasten
Sanft und leicht alleine macht,
Voller Mitleid
Sanft und leicht alleine macht.

Auf dem hohen Todeshügel,
Auf der dunkeln Schädelstäte,
Da, da lernen wir von dir!
Da, Versöhner, da von dir!

Dort rufst du mich von der Erde
Laut gen Himmel,
Mich zu jenem Erb' im Licht!
Ach, zum Erb' im Licht hinauf!

Erdenfreuden,
Und ihr Elend,
Möchtet ihr dem Wanderer nach Salem

Staub unterm Fuſſe ſeyn!
Kurze Freuden! leichtes Elend!
Möchtet ihr dem Wanderer nach Salem
Staub unterm Fuſſe ſeyn!

Möcht' ich, wie auf Adlersflügeln
Hin zu euch, ihr Höhen, eilen,
Ihr Höhn der Herrlichkeit!
Mitgenoſſen jenes Erbes,
Mitempfänger jener Krone,
Meine Brüder leitet mich!

Daß dereinſt wir, wenn im Tode
Wir entſchlafen, dann zuſammen
Droben unſre Brüder ſehn.
Daß, wenn einſt wir nun entſchlafen,
Ungetrennet im Gerichte,
Droben unſre Brüder ſehn.

Poesieen

des

Herrn von Sonnenfels.

Vorerinnerung.

Der vortrefliche Verfaßer dieser Gedichte hat mir die Erlaubniß ertheilt, seine sämmtlichen Poesieen meiner Sammlung einzuverleiben; ein großer Gewinnst für mich und meine Leser! Es sind ihrer eigentlich sechs; allein, wegen Mangel des Raums muß ich die Ode auf den Tod Kaiser Franz I, die auf die Genesung der Kaiserinn, und eine andre aus dem Mann ohne Vorurtheil auf einen künftigen Theil zurücklegen.

I.

Klage des Hirten von Ida,

eine Idylle.

(Aus Therese und Eleonore.)

Reitzend bist du, Chloe, alle Hirten preisen dich, und alle Mädchen am Ida beneiden dich, und fürchten, daß du ihre Hirten untreu ihnen machest. —

Aber du solltest minder es wissen, wie reizend du bist, dann Chloe wärest du noch reizender für mich: die Hirten würden dann noch mehr dich erheben, die Mädchen am Ida noch mehr dich beneiden.

Nie finde der die Kühlung des Schattens, wann seine Schaf' in einen Kreis gedrängt, in eignen Schatten ihre Köpfe verbergen, dann grüne nirgend ihm ein breitschattichter Baum.

Nie finde der ein bescheidenes Mädchen, das nur für ihm mit Blumen sich krönt, für ihm die Haare sich lockt, für ihm am Fusse sich wäscht, schön, nur für ihm schön seyn will! Sein Mädchen sey eitel ——

Das Mädchen des Schmeichlers, der Chloen, das ehmals sittsamste Mädchen, mit seinem Lobe, wie dort die Mädchen vom Cyzikus gerne es hören, mit solchem Lobe so eitel gemacht: sie sey so eitel, als sie sind —

Hier sitze ich einsam und klage; indessen sie unten am Bache, sich zu sehen, nicht satt wird. Versieget ihr Fluten des Simois, damit sie in euch sich nicht sehe! um sich zu sehen, mich nicht verlasse. Mich, der ich das eitle Mädchen noch liebe —

Was siehst du, o Mädchen, im Bach? was gefällt dir so sehr an dir selbst? Die Farbe der Wangen? Der Schmeichler verglich sie mit den Rosen. Sieh hier die Rose, die ich dir gepflückt! Nicht zürne, o Chloe! Ihr Roth beschämt deine Wangen.

Der Blick deiner Augen ist mächtig. Ich hab es gefühlet, doch mächtiger nicht als der Blick des Lichtes, das uns den Tag wieder bringt, an dem ich zur Pein nur dich sehe; du aber siehst nichts, als dich!

Gefällt dir dein lockigtes Haar? Die Wolle der Lämmer ist krauser, und zärter ist noch das Gespinnst des Wurms, den dort der Städter ernährt, daraus sich prächtige Hüllen zu wirken, und darinn stolzer zu seyn.

Dein Fuß ist fein, doch feiner ist noch der Fuß des flüchtigen Rehs: dein Wuchs ist schlank, doch sieh, dort steht sie vor dir, die Erle am Bache ist schlanker als du —

Worauf denn, o Chloe, worauf bist du stolz? Was an dir immer der Schmeichler erhub, womit er dich immer verglich, das — zürne nicht über die Wahrheit — das übertrifft dich so weit, und weiter als du die Mädchen von Jba.

Nur eines haben sie nicht, die Rose, der Tag, die Wolle der Lämmer, die Seide des Wurmes, das flüchtige Reh, und die Erle: ein fühlbares Herz! Treue für mich — o Chloe, hab du es für mich! entwend es mir nicht, das fühlbare Herz, und liebe nicht mehr dich als mich.

Kehr an meine Seite zurück, und mache mich froh, und willst du ja beständig dich sehen; so sieh in mein Aug, auch dort erblickst du dein Bild.

II.

Das Gesicht des Sohns Sela Haschemeh zu dem Haupte seines Lagers: im ersten Jahre der Erwählung Josephs zum Glücke der Völker. Am siebenzehnten des achten Mondes sah ich:

Und sieh ich ward erhoben über die Berge Gottes, und ich schwebte zwischen den Himmeln und der Erde, und ich ward getragen von einer unsichtbaren Hand:

Und ich sah den Erdball unter mir, einen Punkt im ungemessenen Raume, und ich sah ihn nicht mehr, und ich wandelte zwischen Sonnen, und kam bis zum Throne des Ewigen, und, ich fiel auf mein Angesicht nieder, und betete an, und zehntausendmal zehntausend mit mir.

Und zu den Füssen des Thrones war ein güldener Altar, und von dem Altare rauchte empor das Gebet der Heiligen, und das Seufzen der leidenden Tugend, und Vergebung, und Erbarmen der Menschenkinder, und dankbares Stammeln der Unschuld; dem Ewigen ein süsser Geruch.

Und der Thron war in furchtbare Dämmerung gehüllet, und feierliche Stille herrschte um denselben, und die Seraphim sangen nicht ihr ewiges Hallelujah.

Aber die rollenden Donner verkündigten Jehovah in der Dämmerung, und seine Blitze fuhren umher, und ich hörte, und wie das Brüllen der Wogen, die an Felsen zerschellen, und wie das Rauschen des mitternächtlichen Sturmes in dem Eichenwalde Ephraims war seine Stimme:

Und es stürzte Schrecken über mich, und kein Odem blieb in mir, und ich lag auf meinem Antlitze schaudernd und kraftlos, und erkühnte mich nicht aufzublicken zu dem Allerheiligsten.

Da ward ich berühret von einer Hand, und eine sanfte Stimme, wie das Wehen der Mittagsluft in den Lustgängen Edens, lispelte mir Worte zu, und mein Geist kam zurücke, und ich stund auf meinen Füssen, und ich erhub mein Angesicht und sah:

Er saß in schreckbarer Herrlichkeit auf dem Throne, der ist, und ein Regenbogen war über seinem Haupte ausgespannt, und die vorübergehende Sonne milderte den Glanz seines Angesichts, und sein Fuß stand auf tausend Welten.

Und eine güldene Wage war in seiner Rechten, und er hielt die Linke hoch empor, und die Vesten des Abgrunds erbebten, und es erschallte eine Stimme: Er hält den Königen Gericht, der Richter der Welt.

Und alsobald traten vor das Angesicht des Richters glänzende Schaaren, und ihre Gestalt war gleich den Jünglingen, die von Weibern gebohren werden, und sie waren bekleidet mit der Morgenröthe, und hatten Kronen auf ihren Häuptern, und Gefässe in ihren Händen, auf denen gezeichnet waren die Fürsten und Mächtigen der Erde.

Und in den Gefässen werden gesammelt die Verdienste der Fürsten, und das Gute, das sie bringen über die Völker, über welche sie der Herr verordnet hat zu wachen, und gegeben in ihre Hand das Recht und Gerechtigkeit und das Leben.

Und es trat herbey, der da hielt das Gefäß, das bezeichnet war mit dem Namen Franzens des I. er ist es, welcher seinen Zepter ausstrecket gegen Mittag, und Mitternacht, und über die Veste, und über die Inseln des Meers, und über hundert und abermal hundert Nationen.

Und er neigte es über die güldene Schaale des Richters, und sie sank gewaltig die Schaale in seiner Hand, und es ergieng eine Stimme von der Mitte des Thrones: er ist gewogen und übergewichtig befunden worden auf der Wage der Gerechtigkeit, und er ist der Belohnung reif:

Und es hallte wieder in den hohen Bögen des Himmels: Franz ist gewogen, und übergewichtig befunden worden auf der Wage der Gerechtigkeit, und er ist der Belohnung reif.

Und der Herr geboth dem Engel des Todes, zu bringen die Seele des Fürsten vor den Thron, auf daß sie angethan würde mit ewiger Herrlichkeit, und empfienge die Vergeltung der Fürsten, welche die Erde beglücket hatten, und gesetzt würde auf einen der vier und zwanzig Stühle um den Thron Gottes:

Und der Engel des Todes fiel nieder und betete tief an, und erzitterte über dem, was ihm geboten war; und er sprach: Ich bin eine Wolke, durch deinen Hauch zur Unsterblichkeit gebildet, aber zürne nicht, wenn ich zu dir rede, Unaussprechlicher! sende, den du senden wirst:

Denn nun, wenn ich hingehe, zu fodern seine Seele, da wird zu dir hinaufbringen das Gebet der heiligen Gemeinden, und das Flehen der Völker, und das ängstliche Winseln der Waisen: und die Fromme wird zu dir die Hände falten, und du wirst nicht widerstehen, und dich erbarmen; denn du bist ein Gott der Erbarmung, und du wirst ihn schenken der aufweinenden Frommen, und dem Wehklagen der Welten.

Und der Engel des Todes fuhr fort, und sprach: da ich angefangen habe, so will ich mit meinem Schöpfer reden, der ich nicht vom Anbeginn war:

Wie? und wenn ich nun ausbreiten soll das Bild der Zerstörung über das Angesicht des Gerechten, und die Züge deines Gerichts über das Angesicht, das die Erquickung der Völker war: da werde ich stehen und zagen, und das Schwerdt wird der ausgestreckten Hand entfallen, und mich selbst werden die Schrecknisse der Vernichtung ergreifen.

Und Gott redete zu dem Engel, und sprach: Die Spuren des nahenden Todes sollen sein Angesicht nicht verstellen, und das Bild der Zerstörung zuvor darauf nicht ausgebreitet werden! und dein Tritt soll leise seyn und unvernehmbar, damit die Schrecknisse des Gerichts ihn nicht erschüttern! denn wer ist rein vor seinem Angesichte, der vom Weibe gebohren ist?

Und du sollst hingehen, und ihn küssen, und mit dem Hauche deines Mundes die Seele aus dem Leibe rufen, und sie bringen zu dem Sitze, der für sie bereitet ist!

Und der Böte des Todes fuhr freudig hinab, zu vollstrecken das sanfte Gebot:

Und dunkel und Finsterniß umwölkte das Heiligthum: und die Erde lag vor mir in erwartendem Stillschweigen, wie der Sinai wartete, da der Herr darauf niederstieg:

Und ich sah: es war ein Bild der plötzlichen Verwüstung, wie die Verwüstung einer unaufhaltbaren Flut, die schnell daher rauscht, und das Angesicht der Erde bedecket:

Und die Völker der Erde giengen traurend einher, und sie erhuben hoch ihre Hände, und rungen sie zu den Wolken; und sie weinten und wehklagten, und sie erhuben ihre Stimme und sprachen:

Wehe uns und unserm Geschlechte, daß wir diesen Tag gesehn haben, den Tag des ewigen, des unvergeßlichen Jammers!

Wie schnell ist er gefallen der Baum, der ewig stehen sollte, der erhabene, dessen Höhe an den Himmel reichte, und er ward gesehen im ganzen Lande:

Und er breitete seine Zweige weit umher und von seinen Früchten wurde jedermann gespeiset, und wir ruheten in seinem Schatten.

Wehe uns und unserm Geschlechte, daß wir diesen Tag gesehen haben, den Tag des ewigen, des unvergeßlichen Jammers! wie schnell ist er hinweggenommen, die Krone der Fürsten! sein Zepter träufelte Gnade, und Sanftmuth war sein Gesetze: er war nur der Erstgebohrne und Führer seiner Brüder.

Seine Güte kam gleich einem Morgenthau über die ganze Erde, gleich einem erquickenden Regen über die dürstenden Saaten.

Wehe uns und unserm Geschlechte, daß wir diesen Tag gesehen haben, der Tag des ewigen, des unvergeßlichen Jammers.

Wie sitzet sie einsam, eine Wittwe, die Herrscherinn der Länder: der Herr hat die **Tochter Karls** mit Finsterniß bedecket, und an dem Tag seines Gerichts an Sie nicht gedacht.

Seine Leuchte leuchtete über ihrem Haupte, sein Name war ein ausgegossenes Oel; er war erwählet aus Tausenden, den ihre Seele liebte:

Und sie wird auferstehn um Mitternacht, und ihn suchen, und nicht finden, und sie wird trauern ohne Aufhören, und die Quelle ihrer Thränen wird nicht versiegen: und wer wird sie trösten können, von allen, die sie lieben?

Wehe uns und unserm Geschlechte, daß wir diesen Tag gesehen haben, den Tag des ewigen, des unaussprechlichen Jammers.

Wer sind, die da winseln, und ihr Winseln ist gleich dem Zwitschern junger Vögel, deren Mutter ein Raub des Sperbers worden, und sie eröfnen ihren Mund, und rufen zu dem Herrn?

Wie ein Adler seine Jungen reizet zu fliegen, und er flattert vor ihnen sachte, und flieget hin und her über ihnen, sie zu ermuntern und zu lehren, also breitete er aus seine Flügel, und er nahm sie auf, und trug sie auf seinen Schultern.

Wehe uns und unserm Geschlechte, daß wir diesen Tag gesehen haben, den Tag des ewigen, des unaussprechlichen Jammers!

Er war angethan mit Gerechtigkeit, und Weisheit, und ein Aug dem Blinden, und ein Fuß dem Lahmen, und ein Rohr dem Schwachen; und seine Hand war ausgestrecket Gutes zu thun, und sein Ohr herabgeneigt, den Bedrängten anzuhören, und seine Sache zu erforschen zu jeder Stunde.

Wehe uns und unserm Geschlechte, daß wir diesen Tag gesehen haben, den Tag des ewigen, des unvergeßlichen Jammers!

Als nun vorüber gegangen war das schreckende Gesicht, da lag ich auf meinem Lager, und forschte nach dem Verstande des Gesichts, und wartete mit aufgehabnen Händen: und ich sprach: der Herr bewahre unsern **Herrn den Kaiser, und Sein Haus ewiglich!**

III.
Ode auf Daun.

Der Held — Rom wagt von seinem **Fabius**
Zu kühn ein Urtheil, wie von ihm.
Den Zauberer rechtfertigt Annibal,
Und **Daunen** Friederich.

Der Held — er hub die Rechte hoch empor,
Befahl der Ungestüme: **bis hieher!**
Sie hörts, und darf das Ziel nicht übergehn,
Das sein Gebot ihr setzt.

Der Held — mit diamantnen Ketten war
Der Sieg am Kriegeswagen Friederichs
Gefesselt, bis mit sichrer Hand er sie
Am großen Tag zerbrach.

Der Held — er zeigt dem höhnenden Berlin
Die Schrecken näher, die von ferne Wien
Bedrohn. Zum zweitenmal sahn die Najaden
                      fliehn
Die Spree — die Donau nie.

Der Held — der Sieg ruht nur auf sei-
                  nem Arm.
Er steht: ein Heer, von ihm gebildet, kämpft
Die Kämpfe der Unsterblichkeit. Er fällt —
Und Friedrich hat gesiegt.

Der Held — der in die Glieder unsres Feinds
Mit seinem Blick Zerstörung warf: sein Nam
War Donner ihrem Ohr, war, Oestreich, dir
Die Losung deines Heils.

Der Held ist todt! Auf seinem Sarge glänzt
Die theure Perle, von Theresia
Um ihn mit Recht geweint. Der Neid, auch der
Weint, daß so groß er starb.

Baut seinem Ruhm nicht Tempel! Grabt ihn nicht
In Erzt! Nur Werke der Vergänglichkeit!
Sein unzerstörbars Denkmal bleibet das
Befreite Vaterland.

Das, wenn es einen künftgen Feldherrn einst
Zum Schutze seiner Rechte weiht, ihn hin
Zum Aschenkrug des Helden führt, und wünscht:
Werdt diesem Vorbild gleich!

Meinhardt an Kallisten.

(Vor dem ersten Theile des Heliodors.)

O du, in deren Blick, in deren holden Mienen,
Die Tugend, wie sie einst dem Sokrates erschienen,
Im Reiz der Grazien, und in der Schönheit
    Pracht,
Die Herzen sichtbar zwingt, und sie dir eigen
    macht,
Laß du dies Buch bey dir den Schutz der Schön-
    heit finden!
Es lehrt, was wir durch dich noch reizender
    empfinden,
Daß wahre Liebe nur aus wahrer Tugend fließt,
Und, wie das gröste Glück, die gröste Tugend ist.

O bester, edelster, und schönster unsrer Triebe,
O unsrer Seele Geist, o tugendhafte Liebe!
Nicht jene, die vom Reiz der Sinnen nur
    entsteht,
Die nur mit ihm sich nährt, und auch mit ihm
    vergeht:
Nein, die für höhern Reiz mit eblern Flammen
    brennet,
Die in der sinnlichen der Seele Schönheit kennet,
Die nach dem Tod noch liebt — Und hat sie
    schon entzückt,

Den schönen Gegenstand, vergänglich schön, erblickt;
Mit welchem himmlischen, unendlichen Entzücken
Wird sie dann einst ihn erst, unsterblich schön, er erblicken? —
Doch sie hat längstens schon die Welt nicht mehr gekannt;
Von grober Sinnlichkeit, von Eigennutz verbannt,
Floh sie von uns, und wohnt in jenen Einsamkeiten,
Wo Unschuld und Natur die Schönheit oft begleiten,
Da, Schönste, folgt sie dir. O bring sie uns zurück!
Erneure noch einmal der goldnen Zeiten Glück,
Gieb ihr — denn welcher Sieg kann deiner Schönheit fehlen? —
Gieb ihr, wie du sie hast, die Herrschaft unsrer Seelen!

Die Sinngedichte.

Der Wahrheit Hülle, die Homer, Virgil
Und Flaccus schuf, und die auf Enkel fortgeerbet,
Der Neuern Witz frisch aufgefärbet,
Ward alt, es kostete zu viel
Der Kunst und dem Genie, die Wahrheit neu zu
  kleiden;
Was war zu thun? — Ein Trödler nahm mit
  Freuden
Den theuren Stoff, schnitt alle Blumen aus,
Und Sinngedichte wurden draus.

Poesie und Musik.
aus dem Lamotte

von Schlegel.

Denkt, daß den Versen erst ihr Wesen
Der Leier Zauberkraft verlieh,
Man soll sie singen, und nicht lesen!
Singt man sie jetzt? Kaum liest man sie.

Das Leiden Jesu Christi,
ein Singstück,
von
Metastasio.

Vorerinnerung.

Diese glückliche Uebersetzung einer berühmten Kantate des Metastasio, ist aus dem dritten Band der Unterhaltungen, und rührt von Hrn. Weiße her. Dieser große musikalische Dichter ist unüberseßlich, wenn er nicht in die Hände eines eben so großen musikalischen Dichters fällt, und da die guten musikalischen Gedichte in unsrer Sprache noch sehr zu zählen seyn, so wäre eine solche Uebersetzung des ganzen Metastasio immer ein großer Schatz für uns.

Erster Theil.

Petrus.

Wo bin ich? Ach! wo soll ich Ruhe finden?
Wer leitet meinen Schritt?
Seit ich die schwärzeste der Sünden
Begieng, geht, wo ich geh, das wilde Schrecken mit,
Ich flieh der Menschen Blick. O könnt ich,
            könnt ich mich
Vor meinen eignen Blick verhcelen!
Ach, tausend Regungen bestreiten sich
In meiner Brust. Mich quälen
Grausame Leiden im Gewissen,
Vom Mitleid wird mein Herz zerrissen.
Die Hofnung giebt zu wünschen Muth,
Der Zweifel eilt, den Muth zu schwächen.
Jetzt starrt vor Furcht mein Blut,
Jetzt glühet es in mir aus Schaam für mein
            Verbrechen.
In jedem Vogel hört mein Ohr
Den Vogel, der den Tag verkündigt.
Sein Lied wirft mir die Untreu vor,
Mit der ich mich an Gott versündigt.
Ich Undankbarer! ach! wer weiß,
Ob noch mein Herr, mein Lehrer lebt?
Umsonst hat die Natur die Ordnung nicht verkehrt.
Umsonst erblaßte nicht
Der Sonne Licht.
Die Felsen öfnen sich, die Erde bebt,

Wie schauert mir! Die Strafen meines Falles,
Ich fühle sie schon jetzt.
Nichts weiß ich, wünsche viel und fürchte alles.
   Du zitterst mir im Busen
   Zu wenig ist dein Beten;
   Zerschmelz, zerschmelz in Thränen!
   Undankbar, schwaches Herz!
   Laß solche Ströme fliessen,
   Daß, wer mich sieht, erblicke,
   Mich Unglückseelgen drücke
   Der wahrsten Reue Schmerz.
Doch welche Menge naht sich mir!
Wie ist ihr Blick so schwermuthsvoll!
Ich will bey ihr
Nach meines Lehrers Schicksal fragen.
O Himmel, soll ichs wagen?
Ach wird man nicht, statt mich zu trösten, mir,
Er sey nicht mehr, zur Antwort sagen?

      Chor der Jünger Christi.
Was dein Unbedacht verschuldet,
Mensch! wie kostet es so viel!

      Ein Theil des Chors.
Beim Gedanken jener Schmerzen!
Die dein Gott für dich erduldet,
Seufzt die Welt. In deinem Herzen
Ach, nur dort ist kein Gefühl.

      Der ganze Chor.
Was dein Unbedacht verschuldet,
Mensch! wie kostet es so viel!

Petrus.
Johannes, Joseph, Magdalena, Freunde,
Sagt, lebt mein Jesus noch?
Wie, oder haben seine Feinde —
Ihr weint? — ach! euer blasses Angesicht,
Die Thräne, die noch kaum durch euer Auge bricht,
So viel vergoßt ihr schon, ach alles dieses spricht
Mein ganzes Schicksal aus. Ja meinem Gei=
  ste zeiget
Sich jedes Schrecken dieses Tages.
Ach ich versteh euch, schweigt nur, schweiget.
Magdalena.
Meinen Schmerz wollt ich dir sagen;
Aber, ach! von meinen Lippen
Tönen auf mein Herz die Klagen
Mit betrübtem Schall zurück.
Mir erlaubet
Gram, der jeden Trost mir raubet,
Kaum zu seufzen noch das Glück.
Johannes.
O Petrus, wie viel seeliger, als wir
Bist du, der du nicht sahst, wie unsern Herrn
Die Frevler vor den Richter führten, wie
Sein Blut dahin floß unter ihren Geisseln,
Wie sie sein Haupt mit einer Dornenkrone
Durchbohrten, ihm den Leib mit einem Purpur=
  mantel
Zum Spott bedeckten, ach! wie er ein Schauspiel

Des undankbaren Zions da stand, Gottes Sohn
Durch ihr Geschrey verlacht, verfolgt von ihrem
  Hohn.

Joseph.

O wüstest du, was da mein Herz empfand,
Als ich zur Schädelstätt ihn führen sah;
Als ich ihn unter der verfluchten Last
Des Kreuzes seufzen hörte, als er ermattet
Von dem vergoßnen Blute wankte, wie
Ein zitternd Rohr, und endlich niedersank!
Ich eilt und rief. Vergebens war mein Eilen;
Umsonst war mein Geschrey, die unbarmherzge
  Wache
Stieß mich zurück mit Ungestüm.
Von ihr getrieben konnt ich ihm
Auch nicht die kleinste Hülf ertheilen.

Die Wellen, die im Sturm sich heben,
Sind minder taub für das Geschrey
Des Schiffenden, dem jetzt, zu leben,
Die letzte Hofnung schon entweicht.
Kein Wald Hirkaniens verbirget
Ein reissend Thier, so wild es würget,
Jerusalem, du Undankbare,
Das dir an Blutdurst gleicht.

Petrus.

O Grausamkeit, sind die, die dich verübt,
Der Menschheit Namen werth?

Magdalena.

Ach, Petrus, wenig ist, was du gehört,
Dir bleiben schwärzre Grausamkeiten
Zu hören übrig.

Johannes.

Hätten deine Augen
Den Tod des Herrn auf jenem Schreckenshügel
So angesehn, wie meine Augen ihn
Gesehen haben! Einer riß das Kleid
Ihm von dem wundenvollen Leib herab,
An dem es fest geheftet war; ein andrer
Zwang ihn mit einem Stoß aufs Kreuz zu fallen,
Das auf der Erde ausgebreitet lag.
Der eilt ihn an das Holz zu schlagen,
Und reißt ihn oft die krummen Nägel wieder
Aus Hand und Fuß, und bohret andre
An ihrer statt hinein. Die Glieder
Dehnt jeder mit Gewalt ihm aus, an Länge
Dem Baum ihm gleich zu machen. Dieser bringt
Der Marter Werkzeug her, und jener bringt
Hinzu voll höllscher Freuden,
Den Blick an seiner Quaal zu weiden.
Da über ihn indeß arbeitend hingebückt
Ein anderer verfluchten Schweiß vergiesset,
Der auf sein heilig Antlitz niederfliesset.

Bey dem Anblick so schrecklicher Leiden,
Konntet ihr säumen, ihr Himmel, mit Blitzen,
Den zu beschützen, der euch gemacht?

Ach! ich versteh euch, der Ewige wollte,
Daß nichts es stören, nichts hindern es sollte,
Das große Werk, das Jesus vollbracht.
Petrus.
Und was begann die Mutter Jesu? sprich
Johannes, was begann sie, rings umgeben
Vom Schwarm der Frevelnden?
Johannes.
   Die unglückseelge Mutter!
Magdalena.
Sie konnte sich durch die erboste Menge
Den Weg nicht bahnen; aber als das Kreuz
Vor ihren Augen aufgerichtet stand;
Als sie den einzgen Sohn daran erblickte;
Es sah, wie seines Körpers ganze Last
Die tief durchgrabnen Hände drückte,
So eilte sie mit ofnen Armen hin,
Als wollte sie ihn halten. Sie umfaßt
Das Kreutz; sie weint, sie küßt den Sohn,
Und unter diesen Küssen
Sahn wir der Mutter Thränen
Ins Blut des Sohnes fliessen.

 In der härtsten Seele konnten
 Sie des Mitleids Triebe wecken
 Jene Thränen, jenes Blut.
 Dennoch sind Mariens Schmerzen
 Dieser Frevler Felsenherzen
 Bloß ein Reiz zu neuer Wut.

Petrus.
Nein, größre Marter konnte
Die Grausamkeit der Juden nicht erfinden.
Joseph.
Noch größre schuf sie; die betrübte Mutter
Ward von dem Kreuz hinweggerissen, welches
Ihr Arm umschloß, von dem ihr Sohn auf sie
Mit halbgebrochnen Augen niedersah.
Man zwang sie fortzugehn. Sie wandte
Noch einmal sich zurücke;
Sie hört des Sohnes Ruf; den ihren
Begegnen seine Blicke.
O welche Stimme! welche Blicke!
Petrus.
Und was sprach Jesus?
Johannes.
Jesus sah die Mutter
Und mich von den Unmenschlichen verfolget.
Bey allen Quaalen, die ihn drückten,
Empfand er Mitleid mit den unsrigen.
Jetzt wendet er die Augen auf Marien,
Und jetzt auf mich. Sein Mund giebt ihr
Zum Sohne mich, und sie zur Mutter mir.
Petrus.
Du bist beglückt in deinem Leiden:
Du hörest künftig Sohn dich nennen
Von der, die einen Gott gebahr.
Ich will dein Schicksal nicht beneiden,

Nur weinen will ich und bekennen,
Daß ich, der ich so tief gefallen,
So großen Glücks nicht würdig war.

Johannes.

Dies Pfand der Lieb empfieng ich, nun erwäge,
Wie große Quaal mein Herz durchdrang,
Als ich ihm einen bittern Trank
Zum Labsal reichen sah, da ihn der Durst verzehrte;
Ihn, da er mit dem Tode rang,
Es ist vollbracht, laut rufen hörte;
Als nun auf seine Brust
Sein Haupt darnieder sank,
Und er im Anblick dieser Schaaren,
Die voll von wilder Lust
Das Blut beschauten, das hier rauchte,
In seines Vaters Hand die große Seele hauchte.

Petrus.

Wie wird mein Herz zerrissen!
Wie fühl ich im Gewissen
Die That, die ich vollbracht!

Magdalena.

Ich hör, ach ich empfinde
Die Stimme jeder Sünde,
Die strafbar mich gemacht.

Petrus.

Die That, die ich verübte,

Magdalena.
Die Größe meiner Schulden,

Beide.
Herr, den ich so betrübte,
Hat dich ans Kreutz gebracht.
Beim Anblick jener Quaalen
Verhüllen sich die Strahlen
Der Sonn in Mitternacht.

Petrus.
Und du erlaubst mir noch zu leben?

Magdalena.
Du eilst mir nicht den Tod zu geben?

Beide.
O meines Grams zu schwache Macht!

Chor.
Welch Blut, o Sterblicher! muß hier für dich
Vergossen werden, von dem Flecken
Dich rein zu waschen, der auf dich
Aus der verderbten Quelle kam. Ach, dankbar,
Nicht stolz, laß sie dich machen, diese Wohlthat!
Sie legt dir neue, größere Pflichten auf.
Den, der durch Mißbrauch sie entweiht,
Deckt schwärzre Strafbarkeit.
Gedenke dran, und bebe! jener Tod,
Den Jesus starb, die Erde zu erlösen,
Ist dem Gerechten Heil, und Fluch dem Bösen.

Zweiter Theil.

Petrus.
Bedeckt ihn noch kein Grab, der uns so sehr geliebt?

Joseph.
Ja, Petrus, schon umgiebt
Ihn ein beglückter Marmor, auf mein Flehn.

Petrus.
Wohlan, so laßt uns gehn
Zur heiligsten von allen Ruhestäten,
Den theuren Leichnam anzubeten.

Magdalena.
Bleib! Schau, die Sonne naht sich schon
Dem Untergang. Der künftge Tag
Verbeut uns jegliches Geschäfte,
Er ist der Ruhe heilig.

Johannes.
   Und vielleicht
Würd unser Eifer nichtig seyn.

Petrus.
   Warum?

Johannes.
Schon werden Wächter um das Grab
Versammelt stehn. Die Feinde Jesu fürchten,
Daß wir den heilgen Leichnam ihnen rauben.
Sie fürchten, Jesus werde die Verheissung
Erfüllen, die sein Mund uns gab:

Nur kurze Zeit wird ihn das Grab
Mit seinen Schatten decken.
Erfüllen wird er sie, ihr Frevler, euch zum
Schrecken.
Er kehrt zu euch zurück,
Doch nicht mit sanftem Blick,
Nicht mit Gesang empfangen,
Und nicht den Weg mit Palmen überstreut.
Er kömmt! Sein Blick verwüstet.
Er kömmt mit Zorn gerüstet,
Wie ihr ihn saht mit Waffen
Des Eifers die bestrafen,
Die Gottes Tempel kühn entweiht.

Joseph.

Weh dir Jerusalem! Wie drohn
Der Rache Wetter dir! Nie trügen
Die Prophezeiungen des Herrn. Ich sehe schon,
Ich sehe deine Mauern niederliegen,
Seh deine Thürme schon in Staub,
Dein Tempel ist der Flammen Raub,
Die Priester, die die Angst zerstreute,
Wie irren sie einher! die Jungfraun und die
Bräute
Sind der ergrimmten Krieger Beute.
Auf deinen Gassen strömt von Blut
Und Thränen eine Fluth.
Ein einzger Tag sieht Schwerdt und Glut
Die Werke von Jahrhunderten verzehren.

Das Schrecken lehrt den Tod begehren.
Des Hungers Wut,
Sie tobt in dir auf nie erfahrne Weise;
Und macht die Kinder selbst zu ihrer Mütter
Speise.
 Beim Gedanken jener Schrecken,
 Die dich, Salem, einst bedecken,
 Starrt mein Blut; und du vergissest,
 Deine Sünden zu bereun?
 Rasend stürzest du verwegen
 Dem Verderben dich entgegen,
 Fürchtest nicht dem Blick und siehest
 Schon den Blitz von ferne dräun?

    Petrus.
Das ungetreue Volk lacht dieser Drohungen.
Ach es erkennt den eingebohrnen Sohn
Des Höchsten nicht in Jesu. Thörichte!
Und dennoch haben sie ihn in Bethanien
Aus seinem Grabe Lazarus erwecken,
Und dennoch haben sie beim Hochzeitmal zu Cana
Auf einen seiner Winke sich das Wasser
Verwandeln, haben ihn mit wenig Brod
Den Hunger einer Menge
Befriedigen gesehn. Das Meer Tyberias,
Auf welchem er mit unbenetztem Fusse
Hinüber gieng, sey seiner Allmacht Zeuge!
Wem seine Hand die stumme Zunge löste,
Der predge seine Macht! Von Jesu rede,

Wem seine Hand die Augen öfnete,
Die vor des Tages Glanz verschlossen waren.
Wenn diese Reih von Wundern euch, Bethörte,
Nicht überzeuget, so ist nur die Schuld,
Die Schuld ist euer, die ihr gern im Schatten
Einher irrt, da das helle Licht euch stralet,
Ihr, die ihr Gott verkennet,
Der Bosheit zu gefallen
Die gläubgen Seelen blinde nennet.
 O klage nicht die Sonne an,
 Kehrt, Sterblicher, dein schwacher Blick
 Geblendet von dem Licht zurück,
 Das in der Sonne brennt.
 Dein ist die Schuld. Dein, dessen Wahn
 Den Schatten, der dein Auge trübet,
 In allem findt, was dich umgiebet,
 Nur nicht in dir erkennt.
  Magdalena.
Ach sollte nicht an diesem großen Tag
Der Glaube jedes Herz erfüllen?
  Johannes.
Wir sehn an ihm sich alles uns enthüllen,
Was seit Jahrhunderten
In heilger Nacht verborgen lag.
Umsonst zerriß des Tempels Vorhang nicht
Bey Jesu Sterben. Dieser ist das Licht,
Das, dem verwirrten Volk die Schatten zu er-
   hellen,

Vor ihm einher gieng. Dieser ist
Der Stab, der frische Lebensquellen
Im Felsen öfnete; der Hohepriester,
Der zwischen Tod und Leben Mittler ward;
Die Bundeslade, die Posaune,
Die Jericho zerstörte. Dieser ist
Der wahre Jesus, der das Geschlecht der Menschen
Von seinem Joch als Vater frey gemacht,
In der Verheissung Land als Führer es gebracht.
Wohin sich meine Blicke kehren,
Du Unermeßner, seh ich dich.
O Herr, das Anschaun deiner Werke
Erfüllet mit Bewundrung mich.
Gott! ich erkenne dich in mir.
Das Meer, die Erde, jene Sphären
Sind laute Zeugen deiner Stärke.
Herr, du bist überall, und wir
Wir alle leben, Gott, in dir.

Magdalena.

Ich weiß es, Freund, der Herr ist überall.
Doch unsern Blicken ist er nicht mehr sichtbar.
Wo ist das Antlitz, das in unserm Leiden
Voll Trost uns leuchtete? Wo ist die Hand,
Die so viel Wunder that? Wo sind die Augen,
Die Flammen sanfter Menschenlieb in uns
Entzündeten? Ach, alles haben wir
Verloren, da er starb. Allein, zerstreut,
Umringt von denen, die uns hassen,

Hat er uns ohne Rath,
Uns ohne Führer, hat
Uns ohne Trost verlassen.
 Mit ungewissen
 Verirrten Füssen
 Gehn wir, uns führet,
 Uns glänzt kein Stern.
 Wir sind im Meere,
 Kein Arm regieret
 Des Schiffes Ruder,
 Ach wir sind Schaafe,
 Vom Hirten fern.

Petrus.

Nein, Magdalena, nein,
Er ließ uns nicht allein,
Nicht ohne Führer. O wie manches Beispiel
Der Tugend, ließ er uns in seinem Leben!
In seinem Tod, wie manches Tugendbild!
Die Stirn, gekrönt mit Dornen, lehret uns
Die strafbaren Gedanken von uns scheuchen.
Die tief durchbohrten Hände lehren uns
Den Geiz verabscheun. Jener bittre Trank
Lehrt uns die Wollust meiden.
Sein Kreuz lehrt uns Geduld im Leiden.
O was ist edel, schön, das wir von ihm nicht
     lernen?
In jedem seiner Wort, in jeder Handlung
Ist Unterricht für uns: in ihm

Wird der Ungläubge gläubig, menschenliebend,
Der Neidische, der Feige muthig,
Vorsichtig der Verwegne,
Und demuthsvoll der Stolze.
Jetzt will er sehen, welche Frücht' in uns
Die Lehren schaffen, die er uns gegeben.
Doch fürchtet nicht, wenn unsre Hofnung wankt,
Wenn unsre Kräfte weichen:
Erscheinen wird er dann,
Und uns die Hand zur Hülfe reichen.
 Wenn der zarte Knabe lernet,
 In den Wellen sich zu wiegen,
 Lenket der erfahrne Schwimmer
 Ihn mit väterlicher Hand.
 Dann entfernet
 Sich der Greis und folgt ihm immer
 Mit dem Blick, doch malt sich Furcht,
 Die so leicht ihn überwand.
Magdalena.
Möcht er vom Tod bald auferstehn!
Johannes.
Bald wird er unsern Wunsch erhören,
Wird unser Leid in Wonne kehren.
Joseph.
 Zu seinem Grabe werden
Die Könige der Erden
In heilger Wanderschaft und tiefer Demuth
    kommen.

Petrus.
Sein Kreuz wird seiner Frommen
Erhabner Schutz, wird der Triumph des Him-
mels,
Der Hölle Schrecken seyn.

Magdalena.
Von diesem Baum nimmt jede Seele Heil.

Joseph.
In diesem Zeichen werden Fürsten siegen.

Johannes.
Dies hohe Zeichen bringt
Der Sterblichen errettetes Geschlecht
Hin, wo vor Gottes Thron ein ewger Jubel
singt.

Chor.
Der Gnade Gottes Dienerinn,
O Hofnung, du entflammst in unsern Herzen
Die Lieb, und mehrst den Glauben. Alle Furcht
Verbannst du. Unter unsern Thränen
Keimst du empor, und lehrst uns, voll Vertrauen
In dieses Lebens Schmerz empor zum Himmel
schauen.

Tibulls
zehnte Elegie des ersten Buchs,
von Michaelis.

Wer wars, durch den zuerst sich Schwerdter
    furchtbar machten?
  Wie grausam, ja fürwahr, wie eisern war
    er nicht!
Von da trat Menschenmord, von da Tumult
    der Schlachten,
  Von da dem Tod zuerst ein kürzrer Weg, ans
    Licht.
Doch er hat nichts verdient, der Arme! —
    Wir nur, wandten
  Zu eignem Unglück an, was er fürs Raub-
    thier fand.
Verdankts dem reichen Gold! — Krieg kam zu
    Unbekannten,
  Als noch vorm kleinen Maal ein buchner Be-
    cher stand!
Es war kein Schloß, kein Wall. So wehrlos,
    als erschaffen,
  Lag auf vermischter Trift der Schäfer hin-
    gestreckt.
O hätt ich da gelebt! nie hätten blutge Waffen,
  Noch der Trommete Ruf mein zitternd Herz
    erschreckt.

Itzt reißt man mich zum Krieg: und schon vielleicht führt einer
    Das feindliche Geschoß, das dieses Blut verspritzt.
Schützt, Laren! schützet mich! ihr habt ja, als ich kleiner
    Um euren Fuß gehüpft, auch treulich mich beschützt.
Laßt euer hölzern Bild euch willig angehören!
    Nicht besser schmücktet ihr der Ahnen schuldlos Land.
Da hielt man mehr auf Wort, als unter armen Ehren
    Ein bloßer Gott aus Holz im schlechten Tempel stand.
Versühnet, ob man ihm die Frucht des Weinstocks weihte,
    Ob für sein heilig Haupt aus Aehren Kränze brach:
Gelobte Gaben selbst ihm dartrug, und zur Seite
    Ein kleines Töchterchen den Honigkuchen nach.
Nur wehrt, nur Laren! wehrt die Wuth gestählter Pfeile
    Von meinen Tagen ab. *) Des Schutzes eingedenk,

―――――
*) Des Schutzes — Und aus dem vollen Stall ꝛc. füllt eine Lücke aus, die nach der gewöhnlichen Les-

Fall euch die erste Frucht von jeder Flur zu
    Theile,
  Und aus dem vollen Stall ein ländliches Ge-
    schenk.
Ihm folg ich selber nach, in reiner Tracht: die
    Körbe
  Mit Myrtenlaub umkränzt, mit Myrtenlaub
    mein Haar.
So sey ich euch beliebt.   Unsterblichkeit er-
    werbe
  Ein andrer sich im Kampf, und mähe Schaar
    zu Schaar!
Ein Held, erzähl er dann beym Trunk mir seine
    Siege,
  Und zeichne mir mit Wein den Tisch von Lä-
    gern voll.
Ha! welche Raserey beschleunt den Tod durch
    Kriege!
  Er dräut und überschleicht uns so wohl, eh
    er soll.
Kein Weinberg, keine Saat ist unten: nur Ge-
    fahren,
  Des kühnen Cerberus, und, Vater Cha-
    ron, du.

art in dem Text zu seyn scheint: weil man nicht
mit Broukhusen für hostiaque e plena etc. lieber
hostia erit plena etc. lesen will.

Mit blutgem Angesicht, und mit versenkten Haaren,
Irrt bleicher Schatten Heer nachtvollen Sümpfen zu.
Wie ungleich glücklicher, wem, nach erküßtem Stamme,
Das träge Alter sich zur kleinen Hütte naht!
Dem Schaafe folgt er selbst zur Trift: sein Sohn dem Lamme,
Und den Ermüdeten erquickt der Gattinn Bad.
Dieß, wünsch ich, sey mein Loos. Laßt Greise ruhig greisen,
Und sich der Zeiten freun, die sie als Kind gekannt!
Indeß bau Ruh die Flur. Ruh hat vors Ackereisen
Zuerst den wilden Stier ins krumme Joch gespannt:
Den Rebenstock gezeugt, und Traubenblut verwahret,
Damit des Vaters Faß des Sohnes Weinglas füllt.
Durch sie blüht Karscht und Pflug: allein, mit Rost gepaaret,
Hängt an berußter Wand des Krieges müßigs Schild.

Bezecht, was ehrlich ist, vom allzu sichern
    Schmause,
  Führt, aus dem Opferhain, des Landmanns
    lauter Muth,
Auf seinem Wagen selbst sich Weib und Kind nach
    Hause.
  Dann glüht Cytherens Krieg, und alles ath-
    met Glut!
Betrübt bejammert dann, als Frucht vom
    Opferhaine,
  Die Frau der Thüre Riß, und ihr zerzaustes
    Haar.
Sie weine, beulenvoll! — doch auch ihr Sie-
    ger weine,
  Daß in der tollen Hand ein solcher Nachdruck
    war.
Schalk Amor unterdeß versieht den Zank mit
    Schmähen;
  Und setzt, bey kaltem Blut, sich zwischen bey-
    der Hohn!
Ach! Stein und Eisen ist, wer sich so weit ver-
    gehen,
  Und Schönen schlagen kann — reißt Götter
    selbst vom Thron!
Genug, den schönen Leib vom leichten Flor ent-
    kleiden!
  Genug der Haare Putz mehr lüften, als man
    meint!

Genug, sie weinen sehn! — Unendlich zu beneiden,
Wem, wenn er mit ihr zürnt, ein liebes Mädchen weint!
Wer mit den Fäusten liebt, geh, trage Schild und Speere!
Nur sag er ewig sich der sanften Venus los.
Komm milder Friede dann! in deiner Hand die Aehre,
Und Regen Obsts zuvor aus blendendweissem Schooß!

Der Adler Jupiters und die Taube der Venus.

Nach d'Arnaud
von demselben.

Adler Wo, Schmuck der Tauben, eilst du hin?
Taube Wo du hin, Favorit des Bändigers der Wetter?
A Ich fliege zu den Fuß des Königes der Götter.
T Ich hüpfe zu der Schönen Königinn.
A Kennst du der Götter Aufenthalt?
T Kennst du des nahen Jdals Wald?
A Aus Zevs Hand muß mich dort Ambrosia erquicken.
T Hier nähren Blumen mich, die Amors für mich pflücken.
A Gleich reißt mein Flug von Sterne mich zu Stern!
T Zu jener Myrthe nur soll meiner wiederkehren.
A Den Donner hier, trag ich zu Jupitern.
T Die Rose da, bring ich Cytheren.

Hymne

auf die Thetis und den Peleus,

aus dem Griechischen des Heliodors

von Meinhardt.

Reizende Göttinn des Meeres, o Thetis,
Dich besingt unser Gesang,
Dich, die dem Peleus sich einst zu vermählen,
Jupiters Wille selbst zwang.

Zierde des Meeres, o unsere Venus,
Von ihm gebahrst du den Held,
Griechenlands Donnerkeil, jenes im Kriege
Wütende Schrecken der Welt,

Jenen Achill, dessen Ruhm in den Himmel,
Zu den Unsterblichen steigt,
Der, durch die Ehe mit Pyrrha vereinigt,
Dich, o sein Ebenbild, zeugt,

Neoptolem, deines göttlichen Vaters
Würdig, und wie er ein Held,
Griechenlands Retter und Zierde, wenn endlich
Ilion unter dir fällt.

Glücklicher Held, der im heiligen Schooße
Pythischer Auen hier ruht,
Schütz uns, entferne von unseren Mauern
Unglück und feindliche Wut.

Nimm dieses Opfer, den dir und der Göt-
tinn
Von uns geweihten Gesang,
Welche dem Peleus sich einst zu vermählen,
Jupiters Wille selbst zwang.

Fragment einer Ode der Sappho
von Weiße.

(S. N. Bibl. d. sch. W. B. V. S. 85.)

Den Göttern gleich scheint mir der Mann,
Der stets dein Antlitz sehen kann,
Den deiner Stimme Süßigkeit,
Des Lächelns Grazie erfreut.

Beschämt, betäubt steh ich vor dir,
Mein klopfend Herze bebt in mir,
Ich sehe dich, umsonst bemüht
Such ich die Stimme: sie entflieht!

Die Zunge starrt, und durch mein Blut
Strömt eine reissend schnelle Glut;
Mein dunkles Auge sieht nicht mehr,
Es klinget brausend mein Gehör.

Ein kalter Schweiß bedecket mich,
Am ganzen Leib erzittre ich,
Entseelt, wie welkes Gras, so bleich,
Seh ich dem Tode selber gleich.

Monologe
aus dem Hamlet.
von Moses Mendelssohn.

Seyn, oder nicht seyn; dieses ist die Frage!
Ists edler, im Gemüth des Schicksals Wut
Und giftige Geschoß zu dulden, oder
Sein ganzes Heer von Quaalen zu bekämpfen,
Und kämpfend zu vergehn. Vergehen? —
     Schlafen! —
Mehr heißt es nicht! Ein süsser Schlummer ists,
Der uns von tausend Herzensangst befreit,
Die dieses Fleisches Erbtheil sind! Wie würdig
Des frommen Wunsches ist, vergehen, schlafen!
Doch schlafen? Nicht auch träumen? — Ach
     hier liegt
Der Knoten! Träume, die im Todesschlaf
Uns schrecken, wenn einst dies Fleisch verwest,
Sind furchtbar! Diese lehren uns gebuldig
Des langen Lebens schweres Joch ertragen.
Wer litte sonst des Glückes Schmach und
     Geissel,
Des Stolzen Uebermuth, die Tyranney
Des Mächtigen, die Quaal verschmähter Liebe,
Den Misbrauch der Gesetze, und jedes Schalks
Verspottung der Verdienste, mit Gedulb?

Könnt uns ein bloſſer Dolch die Ruhe ſchenken,
Wo iſt der Thor, der unter dieſer Bürde
Des Lebens länger ſeufzete? — Allein
Die Furcht für das, was nach dem Tode folgt,
Das Land, von da kein Reiſender zurück
Auf Erden kam, entwafnen unſren Muth.
Wir leiden lieber hier bewuſte Quaal,
Eh wir zu jener Ungewißheit fliehen.
So macht uns alle das Gewiſſen feige!
Die Ueberlegung kränkt mit bleicher Farbe
Das Angeſicht des feurigſten Entſchluſſes.
Dies unterbricht die große Unternehmung
In ihrem Lauf, und jede wichtge That
Erſtirbt.

Pope's Gedicht
Der sterbende Christ an seine Seele.
übersetzt
von demselben.
(im Versuch über Pope's Genie.)

Hauch Gottes, der du in mir lebest,
Verlaß, verlaß das sterbliche Gebein!
Du fliegest, säumest, hoffest, bebest,
Und fühlst des Todes Seeligkeit und Pein.
   Hör auf, Natur, zu widerstehen,
   Laß mich ins Leben übergehen!

Horch, Engel lispeln, komm von hinnen,
Wohlan, o Schwester, zögre nicht!
Was raubt mir plötzlich meine Sinnen?
In welche Nacht sinkt mein Gesicht?
Der Puls hört auf, ich athme tief mit Noth;
O meine Seele, sprich, heißt das der Tod?

Die Welt verschwindet tief ins Leere!
Der Himmel öfnet sich, ich höre
   Das göttliche Gebot:
Empfangt ihn an der ewgen Schwelle!
Wo ist nunmehr dein Sieg, o Hölle?
   Wo ist dein Stachel? Tod!

Dasselbe

übersetzt von Kretsch.

Endlich rüste dich, und scheide
Aus dem sinkenden Gebäude.
  Nun, von diesem Körper frey,
  Lerne, was dein Wesen sey,
Und woher dein Ursprung stamme,
Funke von des Himmels Flamme!

  Seele! Geister flistern dir:
    Schwester, komm und sey wie wir.
Welche Kraft empfind ich wieder,
Bey dem Sinken dieser Glieder?
  Frage dich — und sieh es ein —
  Seele, kann dies Sterben seyn?

Nur die Erde weicht zurücke.
Mich erhebet mein Geschicke
  Ueber alles, was mir droht.
  Gebt mir Schwingen, daß ich fliege!
Gräber, wo sind eure Siege?
  Und wo ist dein Stachel? Tod!

Romanze,
Die schöne Rosemunde.

Aus den Reliques of ancient englifh Poetry
übersetzt von Raspe.

Als König Heinrich, dieses Namens
Der Zweite, noch dies Land beherrscht,
Liebt er ein schön und lieblichs Mädchen
Noch ausser seiner Königinn.

Ihr Reiz fand nirgends ihres gleichen,
So wie ihr Wesen und Gesicht,
Kein Fürst auf dieser ganzen Erde
Umarmt ein süsseres Geschöpf.

Ihr krauses Haar schien jedem Blicke
Den reinsten Fäden Goldes gleich:
Ihr glänzend Aug warf, wie die Perlen
Aus Morgenland, ein himmlisch Licht.

Das Blut trieb eine solche Farbe
Auf der kryftallnen Wange vor,
Als ob die Lilie und Rose
Im Wettstreit um den Vorzug war.

Ja Rose, schöne Rosemunde,
Ihr Name ward also genannt,
Der unsre Kön'ginn Leonore
Bis auf den Tod gehäßig war.

Zu Woodstock baut also der König,
Sie wider der Gemahlinn Wut
Zu schützen, eine Burg, dergleichen
Man noch niemals vorher gesehn.

Sie war so wunderbar gebauet,
Von Steinen und von Holze fest,
Und dreimal funfzig Thüren giengen
In die ungeheure Burg.

Mit so viel künstlich schlauen Krümmen
War alles umher angebracht,
Daß nur durch einen Knaul von Fäden
Hier ein und aus zu gehen war.

Um seiner liebsten Lady wegen,
Die so sehr schön und prächtig war,
Vertraut er einem tapfern Ritter
Die Wache über diese Burg.

Allein das Glück, das oft ergrimmet,
Wo es zuvor gelächelt hat,
Betrog mit aller seiner Tücke
Des Königs Glück, der Schönen Lust.

Der undankbare Sohn des Königs,
Den er zu großer Ehr erhob,
Erregte wider seinem Vater
Krieg in dem Reiche Galliens.

Doch eh noch unser süsser König
Sein Engelland verließ, nahm er
Von seiner schönen Rosemunde
Sein letztes Lebewohl also:

O Rosemunde, meine Rose,
Du meiner Augen höchste Lust,
Du schönste Blum in allen Landen,
Zu nähren meine Phantasey!

Du meines fühlbarn Herzens Blume,
Was gleichet dir an Süßigkeit,
Du meine königliche Rose,
Leb wohl, zu tausendmalen wohl!

Dich, schönste Blume, süßste Rose,
Muß ich verlassen einge Zeit,
Nach Frankreich jene See durchkreuzen,
Des Aufruhrs Stolz zu bändigen.

Doch meine Rose, glaub in kurzem
Sollst du mich wieder bey dir sehn:
Bin ich gleich fort, in meinem Herzen
Nehm ich doch meine Rose mit.

Als Rosemunde, diese Schöne,
Des Königs Worte kaum gehört,
Erklärten ihre äußern Blicke
Den Kummer, den ihr Herz durchdrang.

Aus ihren hell cryſtallnen Augen
Stieg Thräne über Thräne vor,
Und lief gleich ſilberperlen Thaue
Ihr durch das glänzende Geſicht.

Die Lippen, roth erſt wie Korallen,
Entfärbten ſich, und wurden bleich:
Und ihre Lebensgeiſter flohen
Vor Jammer, der ſie überfiel.

Und ſank in eine Ohnmacht nieder
Vor König Heinrichs Angeſicht;
Er ſchlang in ſeinen Heldenwaffen
Die Arme brünſtig um ſie her;

Und küßte waſſervoll die Augen
Die zarte Wang ihr zwanzigmal,
Bis ihre ſanft und weichen Sinnen
Zum Leben er aufs neu erweckt.

Was trauert meine ſüſſe Roſe,
Du meine Roſe, ſagt er oft?
Dieweil, verſetzt ſie, mein Geliebter
Zu blutgen Kriegen reiſen muß.

Doch, da mein Herr auf fremden Küsten
Dort unter wilden Feinden muß
Sein Leben, seine Glieder wagen,
Warum denn blieb ich hier zurück?

Nein, gieb, gleich einem Edelknaben,
Dein Schwerdt und deine Tartsche mir,
Daß meine Brust die Streiche fange
Dich zu verwunden abgeschickt.

Des Nachts laß mich dein Bett bereiten
In deinem königlichen Zelt,
Und dich mit süssen Bädern letzen,
Wenn du aus dem Gefechte kömmst.

So kann ich deiner doch geniessen,
Und will gern keine Arbeit scheun,
Doch fehlst du, so ist Tod mein Leben;
Ja lieber wähl ich selbst den Tod —

Beruhige dich, beste Liebe,
Zu Hause sollst du ruhig seyn
In Englands lieblich süsser Insel;
Denn Reisen, sprach er, ziemt dir nicht.

Der blutge Krieg ist nicht für Schönen,
Und Fried entzückt nur ihr Geschlecht,
Nicht rauhe Lager, prächtge Lauben,
Und Freudenfest', nicht harter Kampf.

Ja, Rose soll hier sicher bleiben,
Der Tag verfließ ihr in Musik,
Indeß such' unter spitzgen Speeren
Ich in der Ferne meinen Feind.

In Perl und Gold soll Rose glänzen,
Indem der Panzer mich umschließt,
Hier soll mein Liebchen lustig tanzen,
Wenn mit dem Feind ich kämpfen geh.

Und du, Sir Thomas, den ich wähle,
Zum Schutz für mein geliebtes Kind,
Wach über meine schöne Rose,
Wenn ich von ihr entfernet bin.

Hier schöpft er einen tiefen Seufzer
Als bräch ihm gänzlich nun sein Herz,
Sie aber bracht aus großem Kummer
Nicht mehr ein deutlich Wort hervor.

Und ihre Herzen wollten brechen
Beym Abschied tiefer Wunden voll:
Seit diesem Tag sah nie den König
Die schöne Rosemunde mehr.

Denn kaum hat er die See durchstrichen
Und war in Frankreich angelangt,
So kam die Kön'ginn Leonore
Voll bittern Neid in Woodstock an.

Und rief zur unglückselgen Stunde
Den treuen Ritter zu sich hin,
Der mit dem Knaul gewundner Fäden
Aus dieser Burg hernieder kam.

Und als sie den verwundet hatten,
Gewann die Königinn den Knaul,
Und gieng, wo Lady Rosemunde
Geschmückt gleich einem Engel war.

Doch als sie hier mit starren Augen
Ihr schönes Angesicht erblickt,
War sie ob ihrer seltnen Anmuth
In ihrer Seele hoch erstaunt.

Herab mit diesen schönen Kleidern,
Sprach sie, sie sind zu reich und schön.
Und trink dies tödtliche Getränke,
Das ich hier für dich mitgebracht.

Gleich fiel die schöne Rosemunde
Auf ihre Kniee demuthsvoll,
Und bat die Königinn, ihr alle
Beleidigungen zu verzeihn.

Ach, schrie die schöne Rosemunde,
Erbarm dich meiner Jugend doch,
Laß mich den starken Gift nicht trinken,
Der mich zu tödten ist bereit.

Ich will mein sündlich Leben bessern,
Und irgend in ein Kloster gehn;
Wo nicht, laß mich die Welt durchirren,
Und banne mich, wohin du willst.

Und für die Schuld, die ich verbrochen,
Ob ich sie gleich aus Zwang verbrach,
Schenk mir das Leben, und bestrafe
Mich, wie es dir am besten dünkt.

Und ihre lilienweisse Hände
Rang sie bey diesen Worten oft,
Indem vom reizenden Gesichte
Ihr manche Thräne tröpfelte.

Doch nichts von diesem allen konnte
Der Kön'ginn Wut besänftigen;
Sie gab die tödtend giftge Schale,
Indem sie knieend vor ihr lag,

Der Liebenswürdigen zu trinken,
Die nahm es denn in ihre Hand,
Erhob die tiefgebeugten Kniee,
Und trat auf ihre Füsse hin,

Und hob die Augen hoch gen Himmel,
Indem sie um Erbarmung bat,
Und diesen starken Gift austrinkend
Gab sie alsbald ihr Leben auf.

Und als der Tod durch alle Glieder
Sich in der grösten Wut gezeigt:
Gestand selbst ihre ärgste Feindinn,
Daß sie nichts herrlichers gekannt.

Alsdenn begrub man ihren Körper,
Sobald ihr Leben war entflohn,
Bey Godstow, das bey Oxford lieget,
Wie heutigs Tags zu sehn noch ist.

Z

Der entschloßne Schäfer,
eine Romanze, eben daher.

Sollt ich in Verzweiflung schmachten,
Weil ein Mädchen reizend ist?
Mir der Gram die Wangen bleichen,
Weil auf ihren Rosen stehn?
Sie sey schöner, als der Tag,
Blühend, wie die Flur im May,
    Wenn sie mich nicht lieben will,
    Was frag ich, wie schön sie ist?

Soll ich sterben ihr zu Liebe,
Weil sie voller Güte ist?
Oder, ihr Verdienst nur schätzen,
Um für meines blind zu seyn?
Turteltaub und Pelikan
Sey nicht sanfter, gütiger,
    Wenn sie es für mich nicht ist,
    Was frag ich, wie gut sie ist?

Sie sey gut, holdseelig, reizend,
Nein, verzweifeln thu ich nicht!
Liebt sie mich, so kann sie glauben,
Ich sterb, eh sie trauern soll.
Doch verachtet sie mein Weh,
So lach ich und laß sie gehn:
    Ist sie nicht für mich gemacht,
    Was frag ich, für wen sie ist?

König Regner Lodbrogs Leichengesang.
(S. N. Bibl. d. sch. W. II. S. 250.)

Was ist für einen tapfern Mann
Gewisser, als der Tod,
Und wenn man gleich der Schwerdter Sturm
Sich kühn entgegen stellt?

Nur der beklagt dies Leben oft,
Der nicht sein Weh gekannt:
Den räuberischen Adler lockt
Der Furchtsame ins Feld.

Der Feig ist stets, wohin er kömmt,
Sich unnütz und zur Last:
Der tapfre Jüngling aber tritt
Im Sturm der Schlacht hervor.

Der eine sucht den andern auf,
Der Mann scheut nicht den Mann:
Des tapfern Mannes höchster Ruhm
War dieses allezeit;

Und wer der Jungfraun Liebe sucht,
Muß kühn im Streite seyn. —
Mir scheint es sicher und gewiß,
Daß uns das Schicksal führt:

Was dieses uns einmal bestimmt,
Dem weicht man selten aus.
Sah ich mein Leben wohl voraus
In Ellas Händen da,

Als ich halbtodt mein Blut verbarg,
Ins Meer die Schiffe stieß,
Und wir den Geiern erst ein Mahl
Vom Feind bereiteten?

Dies macht mich allzeit lächeln: denn
Ich weis, dort sind für uns
In unsers Vaters Odins Haus
Schon Sitze zugeschickt:

Hier trinken wir in kurzer Zeit
Aus Feinde Schädeln Bier:
Denn in des großen Odins Haus
Zagt nie ein tapfrer Mann.

Er zagt nicht zitternd vor dem Tod.
Auch ich, ich nahe mich
Mit der Verzweiflung Stimme nicht
Dem Hause des Odin.

Aslaugens Söhne, wüsten die
Mein ganzes Elend jetzt,
Den ein vergiftet Schlangenheer
Aufs schrecklichste zernagt;

Wie würden sie die Schwerdter ziehn! —
Denn meinen Söhnen gab
Ich eine Mutter, die ihr Herz
Mit tapferm Muth erfüllt:

Der Vipern Biß droht grausam mir
Den nahen Untergang:
Denn mitten in dem Herzen wohnt
Mir eine Schlange schon.

Doch hoff ich, meiner Söhne Schwerdt
Färbt einst noch Ellas Blut:
Von Zorn wird ihre Wange glühn,
Und sie nicht ruhig seyn.

In funfzig Schlachten focht ich kühn,
Und freute mich des Kriegs;
Als Jüngling lernt ich schon, wie man
Das Schwerdt mit Blute färbt.

Da dacht ich: größer als wie du
Wird nie ein König seyn: —
Mich rufen Todesgöttinnen:
Ich klage nicht den Tod.

Hier endiget sich mein Gesang:
Die Todesgöttinnen,
Die Odin mir aus seinem Haus
Geschicket, rufen mich.

Dort sitz ich frölich, hoch erhöht,
Und trink mit ihnen Bier;
Des Lebens Stunden sind entflohn,
Und sterbend lach ich noch.

Maskerade aus der Braut
von Gerstenberg.

Die Nacht:
(erhebt sich im Nebel.)

Jetzt herrschen Wir! das Meer hat alle Strahlen
Der Sonn ertränkt, und mit ihr starb der Tag.
Hör, helle Cynthia, mir zu. Ich bin die Nacht,
Vor der du die erborgte Fackel trägst.
Erschein! Verbirg nicht mehr dein blasses Antlitz!
Stoß deine Silberhörner durch ein Wölkchen;
Send einen Strahl auf meine dunkle Stirn,
Daß ich den ganzen Ort rings um betrachte,
Und selbst die sehnsuchtsvollen Augen sehe,
Die Theil an unserm Feste nehmen wollen.

(Cynthia erscheint)

Wie schwarz, wie seltsam bin ich! Kann ich denn
Nicht so viel Schönheit ohne dich erkennen?
Mich dünkt, sie glänzen, wie des Ostes Feuer,
Das mich verjagt, so bald der Morgen kömmt!
Zurück, du blasse Dienerinn der Nacht!
Aus diesen Augen sprühen hellre Funken.

Cynthia.

Erhabne Königinn, für diese Schönen
Nahm ich den klärsten meiner Monde mit,
Allein sie blickten, als ob du und ich

Den Zügel angehalten, und die Peitsche
Zurückgeworfen hätten, sie zu sehn,
Die Sterblichen, die uns weit überstrahlen.

Die Nacht.

So laß uns sie hier angeheftet halten,
Und unsern Wagen niemals weiter treiben,
Um so durch sie den vollen Tag zu blenden.

Cynthia.

O Königinn der Schatten kann das seyn?
Wir können nicht der Götter Rathschluß ändern;
Wenn unsre Zeit kömmt, müssen wir entfliehn,
Und Platz dem Tage machen. Doch so lange
Hier unsre Herrschaft gilt, laß unsern Freunden
Uns jede Stunde mit so neuer Pracht
So feierlichem Reiz zu schmücken suchen,
Daß sie die Glorie des Tages hassen,
Und immer dich, und dein Gefolg die Sterne,
Und dies mein kaltes Licht zu sehn begehren.
Die Erde huldigt jetzt dem Phöbus nur;
Vergebens mag ich meinen Strahl ihr leihn.
Vom Aufgang bis zum Niedergang blickt mich
Kein Aug an, als vielleicht ein weinendes.

Die Nacht

Nun, schöne Göttinn, prange dann daher
Und zaubre, diese Stunden zu bekrönen,
Ein froh Geschlecht herauf von Faun und Nym=
phen.

Laß ihre sanften Glieder uns dem Glücklichen
Entdecken, der begünstigt liebt; laß auch
Uns deinen Liebling, den Endymion —
Wenn es dir so gefällt, an Latmus Gipfel
Auf blumenvollem Rasen schlummern sehn,
Daß er die lange Nacht in Tag verwandle.
     Cynthia.
Du träumest, finstre Königinn! Der Knabe
War, wie du wähnest, niemals mein, noch hat
Er jemals mich geküßt. Nur Wein und Wollust
Erdacht dies Hirngespinnst. Wenn Dichter rasen,
So machen sie aus Göttern Menschen, und
Aeonen aus Minuten. Nein! ich will
Hier eine schönre Scene, hier den Liebenden
Ein edles Denkmal schaffen — Auf, Neptun!
Erhebe dich, du Gott der Tiefen! wirf
Die Wasserwogen weit von dir hinweg,
Und dann sey stolz darauf, mir zu gehorchen.
     Neptun.
Siehe Cynthia, du hast mich hergeherrscht:
Laß mich die Absicht wissen!
     Cynthia.
      Sagt dir denn
Dies majestätsche Schauspiel nicht genug?
     Neptun.
       O nun
Errath ich sie. Gut, sie ist deiner werth!
Ich will sie unterstützen.

Cynthia.

        Säume nicht
Gebeut dem Wind, sein Felsenbett zu räumen;
Laß deine Diener los, nur Boreas
Bleib angefesselt, denn er ist zu rauh
Für unsre Freuden. Sanftes Frühlingssäuseln
Und leichte Weste sollen hier erscheinen,
Wie sie in Blumen spielen, durch die Wipfel
Hinflüstern und den jungen Frühling grüssen.
Das ist Musik für uns. Dann bring im Aufzug
Das Volk des Oceans mit seinen Schätzen,
Mit jeder Pracht der reichen Tief herauf,
Die edle Nacht noch glänzender zu machen.
Sey hier verschwend'risch, und ich will dir danken,
Und voll und freundlich auf dich niederblicken.

Neptun.
Herauf, der Winde König, Aeolus!

Aeolus.
Erhabenster Neptun!

Neptun.
        Herauf! Herauf!

Aeolus.
Hier bin ich! Rede!

Neptun.
            Den Favonius
Und deine sänftern Winde sollst du hier
Dem Wink der Cynthia gehorsam machen.
Doch den Rebellen Boreas halt fest.

Aeolus.

Sogleich!

Neptun.

Geschwind!

Aeolus.

Du großer Fürst der Fluten,
Es ist geschehn! — doch was ist das? — die
See! —

Neptun! —

Neptun.
Hier bin ich.

Aeolus.

Wehe! — Boreas
Hat seine Fesseln kühn zerbrochen, und
Ist siegreich mit den Westen fortgeflohn.

Neptun.
Laß ihn! ich will ihn auf den Wellen greifen.
Ich komme gleich. Noch einmal geh, und bringe
Den blauen Proteus nebst den Wasservölkern
Herauf! Laß sie mit ihren grösten Perlen,
Mit allem, was die Klippen funkelndes
Gezeugt, erscheinen, daß ich diese Nacht
Zur Ehre Cynthiens verherrliche.
Fleuch schnellen Seegeln gleich!

Cynthia.

Nun, Göttinn Nacht,
Gebeut ein tiefes Schweigen, aufmerksam
Horch diesem großen Chorus zu, daß er

Hoch wie der Himmel reiche! daß der Ost
Die Mitternacht in goldnen Tag verkläre!

Gesang.

Nur deiner Macht, o Cynthia, nur dir
   Gehorchen wir!
Heil den Edlen! — Titans Licht
Tödte diese Stunden nicht,
 Bis die Liebe selber winket,
Bis der Bräutigam das Licht
 Mit zufriednen Augen trinket,
Und, willkommen, Sonne! spricht.
 Tretet her, ihr Wasserchöre!
  Meßt im Kranz
Nach den Rudern der Galeere
  Euren Tanz.
Laßt harmonisch mit den Winden
Tanzend alle Welt empfinden,
Daß, dies hohe Fest zu zieren,
Götter selbst den Reihen führen.

Zweiter Gesang.

Ein Tanz.

Halt deine Stunden, alte Nacht,
Zurück, bis wir den Tanz vollbracht!
Wie würden nicht auf dich die jungen Mädchen
    schmähn,
Ach den erlittenen Verlust so aufgedeckt zu sehn!

Verlaſſe nicht die ängſtliche Braut,
   Die mit verſchämten Schrecken
Erröthend um ſich ſchaut!
Bleib, holde Nacht, laß deinen Fittig ſie decken!
Doch, wenn ſie ruft, ſteh ihr nicht bey. —
Verbirg des Jünglings Kuß, des Mädchens
                Zähren!
Verbirg ihr ſanftes mattes Wehren,
   Ihr ſtill Gelübd, ihr laut Geſchrey,
Ihr ſterbend Aug, das bittend droht,
Und ihr Hinſinken, ihren Tod!

          Neptun.

O große Königinn der Meer und Himmel!
Sieh an, was ich dir bring, dies Feſt zu ſchmücken.

          Cynthia.

Sprich, Fürſt der Meere!

          Neptun.

                Diese Melodieen
Pflegt Amphitrite ſich zu wünſchen, wenn
Sie auf gethürmten Wogen tanzt, und mich
In Seegeln herzt. Tritonen, ſpielt den Tanz
Der Stürme! ſpielt und tanzt, ich führ euch an.

        Geſang und Tanz.

Zu Bett! zu Bett! — Komm, Hymen,
             führe du
Die Braut dem frohen Jüngling zu!
   Gieb allen Schönen dein Vergnügen,
   Die ſich gehärmt, allein zu liegen.

Sie küßten schüchtern, weil sie Mädchen waren;
Sie werden kühner seyn, wenn sie dein Glück
erfahren.
Du aber, Hesperus, sollst scheinen,
So lange sich die Liebenden vereinen!
Aeolus.
Neptun! Ho!
Neptun.
Aeolus!
Aeolus.
Die See geht hoch:
Der Nordwind hat ein Wetter aufgebracht.
Zeig ihm den Dreyjack; manches stolze Schiff
Eilt sonst in seinen Untergang! Geschwind,
Geschwind mit deiner ganzen Macht herab,
Und lehr ihn ruhig seyn!
Cynthia,
Wir danken euch
Für diesmal! Dank und Lob euch allen —
Für diesen mir erwiesnen edlen Dienst.
Könnt ihr von mir mehr hohe Flut erwarten,
Als ihr je selbst gewünscht; nie soll die Ebbe
So kühn seyn, eure Grotten aufzudecken!
Jetzt eilt zurück in euer Reich, daß nicht
Der rauhe Sturm bis zur Verwüstung schwelle,
Und unsrer Insel etwas abgewinne.
Neptun.
Wir gehn.

Cynthia.
Erhebe dich, fühllose Nacht!
Siehst du den Tag nicht! schon beginnt der Ost
Zu leuchten. Sieh, ich selber muß hinab,
Und meinem Bruder weichen.

Die Nacht.
Muß ich denn
Den Tag, sein Licht auf meine Staaten freun,
Und mich, die alte Nacht, verachten sehn?
Ich möchte zürnen, aber laß ihn nur
Hingehn und flammen! Werd ich doch vielleicht
Noch einmal seinen Wagen von der Glut
Ergriffen und in Abgrund stürzen sehn!
Doch ich vergesse mich. Sprich Königinn!
Der Tag erscheint, ich darf mich nicht mehr zeigen.

Cynthia.
Erheb aufs neu dein mattes Haupt, und sieh
Ein größres Licht in größrer Majestät
Hier zwischen uns und unserm Niedergange.
Halt uns nicht länger auf! Der Tag erscheint,
Und Feuerströme glühn vom Mittag her.
Sprich, willst du gehn? und welchen Weg?

Die Nacht.
In Nebel
Will ich verschwinden!

Cynthia.
Ich ins Licht des Tages!

Grabschriften

Aspasia:

(Nach dem Englischen von Gerstenberg.)

Legt, Mädchen, mir von Eichenlaub
Ein Kränzchen auf die Baare!
Streut Weidenblätter über mich!
Sagt, daß ich treu gestorben!
Mein Freund war falsch, doch ich war treu,
Seit mich der Falsch' erblickte:
Drum, Freundinn Erde, gleite sanft
Auf meinen Leichnam nieder!

Dula:

(Nach dem Englischen von demselben)

Nie konnt ich die Männer mit standhaftern
  Trieben,
Nie länger die Männer als stundenlang lieben.
Husch! pflegte mein Auge von Einem zum An-
  dern —
Und hinter drein mein Herz zu wandern.
Oft bat ich: Venus, feßle meine Blicke!
Wo nicht, so gieb mir alles das, was ich er-
  blicke!

Die keusche Dorinde
aus dem Prior.

Wird mir die Jungfernschaft — ja, ja! —
Wird sie mir je geraubt, fürwahr so sterb ich,
spricht Dorinde.
Vergangne Nacht, spricht Dorilas, dort unter
jener Linde,
Warst du dem Tod wohl ziemlich nah?

Kleine Gedichte
aus dem Französischen.

Vorerinnerung.

Bey nachfolgenden Gedichten kam es mehr auf die Verfasser als auf die Uebersetzer an. Denn diese konnten viel verderben, ehe sie die Naivetät eines Moncrif, Panard, und Bernard ganz unkenntlich machten. Wollen meine Leser aber ja die Uebersetzer kennen, so sage ich ihnen, daß die ersten fünf Liederchen von dem Uebersetzer der Marmontelischen Dichtkunst herrühren, wohl zu verstehen, nicht ohne einige Verbesserungen Ich will lieber, daß meine Leser sich ein wenig über meine Wahl wundern, als daß mich der Uebersetzer eines Diebstahls anklagte.

I.

Dorinde.

(Nach dem Französischen des Moncrif.)

Dorinde liebte mich. Wie kommt es anders
seyn,
Ich war getreu, und liebt ihr immer nach.
Sie liebte mich, doch fiels ihr nur so ein,
Sie liebte mich, nicht mehr als einen Tag.

Drauf war den andern Tag Mirtill mit ihr
allein,
Er sang so schön, daß ihr das Herzchen brach,
Sie liebte ihn, doch fiels ihr nur so ein,
Sie liebte ihn nicht mehr als einen Tag.

So nahm sie nach und nach fast alle Schä-
fer ein,
Doch sie verließ sie alle nach und nach.
Sie ärgern sich, doch ich will dankbar seyn,
Es war bey alle dem ein schöner Tag.

II.
Der Unentschlüßige.
(Nach dem Französischen.)

Ja, Vetter, sagt, was fang ich an?
Du bist, sagt Lenchen mir, dem Trunk so sehr
                    ergeben,
Daß ich unmöglich glauben kann,
Du werdest einst mit mir in treuer Liebe leben,
Drum willst du mich, so laß den Wein!
Nun sag mir, wird dir dieses möglich seyn?
Des lieben Weins mich zu entwöhnen,
Das will durchaus nicht gehn.
„Nun, so verlierest du Helenen„
Nein, nein sie ist zu schön!

III.
Der gute Rath.
(Nach dem Französischen des Panarb.)

Wofern ihr wünscht, daß euch im Lande der
                    Cythere
Das Glück ein bischen günstig wäre,
So spart kein Geld! Wo nicht, so geb ich euch
                    mein Wort,
Ihr kommt fürwahr nicht fort!
Der Mann wird argusäugicht seyn,
Die Frau wird fluchen, schimpfen, schreyn,

Sie rammelt und riegelt und schliesset sich ein,
Man hetzet den Kettenhund hinter euch drein,
Er läufet, und rennet, und holet euch ein.
Da habt ihrs dann! Ich sags euch frey heraus,
Und kämt ihr so noch zehnmal vor das Haus,
So wird doch ewig nichts daraus.
Doch kaum mischt Plutus sich ins Spiel,
So kommt ihr auch an euer Ziel.
Schnell öfnet sich das Haus,
Der Mann geht still heraus,
Es rührt sich keine Maus,
Und Frau und Magd sehn freundlich aus.
Ein Tag — wer hätte dies gedacht? —
So habt ihr euer Glück gemacht!

IV.
Die Zeiten ändern sich.
(Nach dem Französischen des Panard.)

Als ich noch ein Knabe war,
Nahm, durchs ganze lange Jahr,
Der gebietende Papa,
Und die wachsame Mama
Ihre Töchter fein in acht,
Und es wurde manche Nacht
Ihre Keuschheit treu bewacht.
Jetzt hat man das abgebracht.

Der Buhler weiß bald zu bethören,
Die Tochter lernt ihn bald erhören,
Die Mutter läßt sich bald bekehren,
Der Vater kann das Ding nicht wehren;
Und mit der guten Ehre, ah!
Steht es la la la la la.

V.
Die Geschenke.
(Nach dem Französischen.)

Ich schenkte heute früh Dorinden
Ein schönes Band um ihren Schäferstab.
Jetzt will ich ihr ein Sträußchen binden:
Und wißt ihr wohl, was ich ihr neulich gab?
Mein Waldhorn gab ich ihr, und meine beste Flöte,
Und auch mein Herz dazu.
Ach wie wollt ich dich, lieber Amor, ehren,
Wenn nur die Schäferinn, von dem Geschenk
                    entzückt,
Zu der Gespielinn spräch: Sich, dieses schätz ich
                    mehr,
Als Schätze, mehr, als in den Kronen
Der Herren, die in Schlössern wohnen;
Den großen Diamant, und blitzt er noch so sehr.
Hängt dieses alles nicht vom blinden Schicksal ab?
Dies sind Geschenke hier, die mir mein Damon gab.

VI.

Likoris Zorn.

(Nach dem Französischen des Bernard.)

Leih, Jupiter, mir deinen Blitz,
Ruft einst Likoris wild,
Daß ich den Tempel, Amors Sitz,
Damit verheeren kann!

Warum hab ich die Keile nicht,
Womit Alcides focht,
Zu strafen diesen Bösewicht,
Der niemand Ruhe gönnt!

O lehr mich schwarze Zauberein,
Medea, deine Kunst!
Dann koch' ich, gleich der Liebespein,
So heiß ihm, einen Trank!

Ach hätt' ich jetzt in meiner Wuth
Das Ungeheuer hier! — —
Hast du, sprach Amor, nun noch Muth?
Und stand urplötzlich da.

Nun strafe mich, nun komm heraus!
Bey der Erscheinung stumm,
Grif sie nach einem Rosenstrauß
Zu züchtigen den Schalk.

Ja seht, sie waget, meiner Treu,
Ihn zu umarmen, nicht,
Und straft, ihn zu verletzen scheu,
Ihn nur mit sanfter Hand.

Ende des zweeten Theils.

www.ingramcontent.com/pod-product-compliance
Lightning Source LLC
Chambersburg PA
CBHW030427300426
44112CB00009B/881